온 사람136 세 번째

유일한 창조인 키우는

인 상

꿈꾸는 소년 씀

PSC
PURUN SEOUL CORPORATION

추천사

황병수 님의 '온 사람'은 그 분의 일대역작이라는 생각이 든다. 한 사람을 개인과 가정, 사회와 국가, 민족과 세계에 공헌하며 행복하게 살아갈 수 있는 '온 사람'이 되게 할 목적으로 성경과 과학을 넘나들며 연구한 결과를 종합한 것인데, 아기가 잉태되기 전 부터 잉태를 위한 부모의 준비, 잉태 후 지속적 관리, 출산 후 단계별로 성인이 되어서 까지 성장과 성숙을 위한 구체적인 실천을 제안했다.

7권의 방대한 자료는 '온 사람'의 필요성을 절실하게 느끼며 이 나라의 현재와 미래 국민을 '온 사람'으로 만드는 개혁적 변화가 있어야 함을 주장하고 있다. 이 책은 한 권의 연구서라기보다는 인간에 대한 저자의 철학적 체계라고 본다.

저자는 이미 많은 책을 저작 출간한 적이 있다. 그러나 과거의 어떤 저서보다도 이 '온 사람'이야 말로 전 생애 동안 연구한 모든 자료를 총망라한 종합적 최후의 역작으로 보고 싶다. 인간 생성 전부터 마지막까지 '온 사람'이 되기 위해 구체적으로 실천할 수 있는 방법을 하나씩 제시하고 있다. 단, 여기에 제시된 과학적 증거가 학자들의 실험은 끝났지만 광범하게 알려지지 않아, 비밀 같고 신비스러운 것도 있지만, 과학은 정상 인 경우 누구에게나 동일하므로 확신하고 적용하면 된다.

'온 사람'이 될 수 있는 가능성을 체계적, 단계적, 구체적으로 제시해 준 최초의 작품이라 놀라며, 사람을 다루는 모든 분들, 결혼을 계획하는 젊은이들과 부모, 유치원과 초중고 학교 선생, 교수, 의사, 간호사, 인류학자, 생물학자, 사회학자, 사회복지사, 사회사업가, 종교 인, 윤리학자, 상담전문인, 심리학자, 결혼상담자 등 사람의 문제를 다루는 모든 이들에게 이 흥미로운 역작을 권하는 바이다.

김상복
ThD, DLitt, DD, 횃불 트리니티 신대원대학교 명예총장,
할렐루야교회 원로목사

추천사

저자 "꿈꾸는 소년"은 인적자원개발과 성과관리 전문가로, 추천자가 연구한 "양자의학"에 매료되어, 이를 삶에 적용하면 큰 득이 된다는 사실을 알고, 다른 과학을 섭렵하고 통섭하여 "온 사람 136"이라는 아름답고 거대한 보석을 만들었습니다. 저자는 학문을 매일 적용해야 참 지식이라 보
고, 7권의 실천 매뉴얼을 썼는데, 추천자의 전문인 양자의학과 자연치유력을 대중들에게 전파하는 것이라, 추천자는 정말 행복합니다. 그 7권은 아래와 같이 눈이 부실 정도로 아름다운 보석입니다.

1. 아주 탁월한 후손을 임신하기 위해 부부가 6개월간 실천할 것
2. 온 가족이 행복하게 자연원리에 따라 과학적으로 태교하기
3. 만 12살까지 다 갖춘 바람직한 사람이 되게 돕는 人場 매뉴얼
4. 청소년까지 가르치기보다 잘 배우도록 돕는 교육 패러다임 바꾸기
5. 회복탄력성을 적용해 늘 새사람이 되게 하는 꿈 이루는 과학
6. 사람의 본래 사명을 다 하는 돕고 나누며 기여하기
7. 생명체와 사람의 본질을 실천하는 일생 자기가치 높이기

지금 우리나라는 개인과 국가의 높은 경쟁력이 절실할 때, 주옥같은 실천사항들을 발표하니, 국민들로서는 대단히 감사합니다. 저자는 과학자들이 실험으로 다 증명했지만, 비밀 같은 것들을, 소상하게 보통사람들의 삶과 연결시켰습니다. 또 "온 사람136"으로 일생 건강하고 인품이 탁월한 천재들이 자라서, 2050년 후에는 한국인이 학문적 노벨상을 휩쓸고, 온 나라가 자연원리대로 상생공존하며, 홍익인간을 실현해서, 세계를 리드하고 영향력이 막대하게 된다는 꿈을 그렸습니다.

이 꿈은 이미 증명된 과학적 사실이므로, 누구나 다 거대한 복을 만끽하면서 자신의 사명을 다 하는 독특한 삶을 살 것으로 확신하며, 일독(一讀)을 권하는 바입니다.

강길전

충남의대 명예교수, 의학박사,
'여성생식내분비학', '양자의학', '대체의학의 이론과 실제', '자연치유력을 키워라' 등 저술

CONTENTS

아빠 엄마에게

    아빠, 엄마, 정말 반갑고 기뻐요! 저 막 태어난 아기예요. 아직 이름이 없으니 그냥 귀요미로 할 게요. 엄마 아빠, 저는 우연히 엄마 아빠를 만난 것이 아니라, 엄마 아빠가 저를 잘 키우실 것을 알고 보내져서 왔어요. 또 사람으로 반드시 이루어야 할 사명과, 사명을 이루는데 필요한 재능이나 성품 또는 기질 등을 다 갖춰서 왔고요.

    저는 그 사명과, 저의 특기나 성격 등 남다른 특성을 다 알지만, 지금은 엄마나 아빠에게 그것을 말로 알려드릴 수가 없습니다. 그러나 제가 자라는 동안 잘 보시면 저의 사명이 무엇이며, 그 사명을 이루기 위해 제가 구비한 재능이나 성품 등을 충분히 아실 수 있습니다.

    지금 제가 할 수 있는 대화수단은 우는 것뿐이거든요. 어른들은 운다고 하지만 저는 그게 말하는 거예요. 울거나 방긋 웃거나 팔다리를 버둥거리는 게 다 제가 말하는 것으로 보시고 얼른 응해주시면 정말 좋아요.

    모든 물질에는 다 고유의 파동이 있고, 사람에게도 반드시 그만 가진 독특한 파동이 있다고 했습니다.(양자물리학) 저는 자라면서, 특별히 좋아하는 장난감, 음식, 옷 색깔이나 놀이 등도 있지만, 제가 잘 하는 특기가 있을 겁니다. 예를 들면 노래를 잘 하거나 그림을 잘 그릴 수도 있고, 춤을 잘 출 수도 있으며, 남달리 사람들과 잘 지낼 수도 있을 것입니다.

    혹시 엄마 아빠는 제가 학교에서 늘 1등하기만 바라고, 고액 과외를 시키거나 일류학원에 보낼 수도 있겠지만, 제가 그런 사명이 아니면 절대 1등을 할 수도 없지만, 저는 아주 지겹고 불행하게 됩니다. 만약에 저의 사명이 아주 탁월한 뇌과학자가 되어, 아무도 몰랐던 뇌세포의 연결과 그 세포에 기록된 내용을 읽어서, 질병도 고치는 것이라면, 자라는 동안 1등은 물론 관찰을 좋아하고, 현미경을 잘 다루며, 밤을 새우며 뇌 사진을 들여다 볼 것입니다.

또는 제가 사람들이 게임으로 재미있게 물리를 공부하도록 게임개발사명을 가지고 났다면, 저는 어릴 때부터 게임중독이라고 염려할 만큼 열심히 컴퓨터 게임을 할 수도 있어요. 그러니까 엄마 아빠 맘대로 몰아붙이지 않으셔야 돼요. 애정을 가지고 제가 타고난 사명을 찾기 위해 잘 관찰하신 후 그것을 잘 하도록 도와주시는 게 가장 현명한 부모가 되고, 자식을 가장 잘 키우는 겁니다. 저는 게임 전문가로 태어났는데 세계적 축구선수가 되라고, 어린이 축구교실에도 보내고 학교 축구부에도 가입시키면, 저는 지옥을 경함할 뿐 아무 것도 못하는 바보가 될 수도 있다고요.

또 정말 간곡히 부탁드리는 것은 어떤 전문가보다 먼저 사람이 되게 도와주셔야 돼요. 사람이 되게 도와주신다는 것은, 엄마 아빠가 삶으로 "제가 되기를 바라는 사람의 모습을 본으로 보여주시는 겁니다." 저는 일단 엄마 아빠가 사시는 모습을 보고 그대로 따라 갑니다.

절대 거짓말 아닙니다. 제가 유전자를 타고난 것도 있지만, 태중과 생 후에 계속 엄마 아빠와 함께 살기 때문입니다. 저는 엄마 아빠의 행동을 따라할 뿐 말씀을 지키는 것은 별로 없으므로 반드시 행동으로 보여주셔야 됩니다. 그래서 저자는 이 책을 인장(人場) 매뉴얼이라고 했습니다.

인장이란 사람이 만들어지는 곳입니다. 공산품은 공장에서, 농산품은 농장에서, 물고기는 어장에서 나듯, 사람은 바로 人場에서 납니다. 사람은 반드시 가정에서 부부를 통해서 나고 자라야 됩니다. 그래서 엄마 아빠는 인장장(長)입니다. 참 멋있는 인장장이 되십시오. 정말 감사합니다! 그리고 축하합니다! 훌륭한 인장장이 되시고 저도 그렇게 만들어주셔서요!

그리고 엄마 아빠는 지금부터 딱 12년간 즉, 제가 초등학교를 졸업할 때까지만 보여주시면, 그 후에는 제가 다 알아서 결정하고 저의 삶을 충분히 살아갈 수 있습니다. 만 12세면 사람으로 살아가는데 필요한 기본적인 것은 다 갖춰지기 때문입니다.

몸도 정신도 예절이나 문화는 물론 전문분야에 대해서도 더 자라겠지만, 제가 한 사람으로 어떻게 사는 것이 좋으며, 제가 무엇을 잘 하고, 저의 사명이 무엇인지도 다 확인되니까, 그 후에는 그냥 일사천리로 나가기만 하면 아주 바람직한 삶을 누릴 수 있어요. 감사합니다!

끝으로 "조금은 생소한 내용과 까다로운 이미지 작업"에 몰입해주신 출판 관계자 모든 분들에게 깊이 감사드리고, 그 성심과 전문성으로 인한 복이 계속 더 커지기를 진심으로 기원합니다. 또 "책에 포함된 양자물리 양자의학 후성유전학과 관련된 내용은 거의 강길전 박사의 강의 내용을 인용한 것"입니다. 크게 감사드립니다!

2016년 5월 저자를 대신해 귀요미

저는 어떤 사람이 되어야지요?

귀요미 일생의 모습

- 영아 때 잘 먹고 잘 자고 잘 싸며 잘 논다!
- 심신의 균형 잡힌 완전한 건강체다!
- 윤리 도덕적으로 완전한 사람이다!
- 정말 똑똑하다!
- 사교육비가 필요 없다!
- 입도선매로(재학 중) 취업(창업)한다!
- 주위 사람들이 다 좋아한다!
- 세계에서 유일한 전문가다!
- 실용지능이 높아 해야 할 일을 척척 잘 해낸다!
- 재미있는 사람이다!
- 일생 행복한 사람이다!
- 애국자이다.
- 항상 새롭게 성장 발전한다!
- 계속 창조하는 사람이다!
- 가정을 낙원으로 만든다!
- 다른 사람들과 더불어 일을 잘 한다!
- 사회에 크게 기여한다!
- 학문적 노벨상 수상자가 되거나 버금간다!
- 초일류 세대(Ultra-Super-Generation)다!

아, 이게 바로 엄마 아빠가 미리 정해두신 거군요. 와아, 정말 좋아요! 제가 나서 자랄 때나 또 자란 뒤 어른이 되었을 때 전체 모습이 선명하게 그려져 있네요. 고마워요, 엄마 아빠!

영아 때 잘 먹고 잘 자고 잘 싸며 잘 논다!

이 말은 저 귀요미가 때어나서 3살까지는, 그냥 엄마 젖이랑 이유식 같은 것을 맛있게 잘 먹고, 밤에는 새근새근 잘 자며, 쉬도 응아도 잘 하고, 혼자서도 방글방글 웃고 옹알이도 하며 잘 놀면, 엄마 아빠가 훨씬 재밌고 쉽게 저를 돌볼 수 있죠? 엄마 아빠가 생각으로 미리 그렇게 정해두시고, 계속 그렇게 생각하시며, 음식이랑 환경도 그렇게 만들어주시면 돼요. 저는 반드시 그렇게 되거든요. 감사해요, 엄마 아빠!

하나 부탁이 있어요. 제가 누워서 뒤집고 일어나 앉으며 기고 걸을 때까지, 너무 안아주지 말고 억지로 세우거나 걷게 하지 마시고 제가 스스로 할 때까지 그냥 두고 보시라고요. 집안이 넓어서 멀리 기어 다니는 것이 좀 보기 딱해도 그냥 두셔야 제가 척추가 튼튼해져요. 엎드려서 많이 기어야 척추와 허리 등 기본 체격과 체력이 튼튼해진대요.

그리고 제가 스스로 서서 걸을 때까지 걸음마 시키지도 마시라고요. 그래야 저의 다리가 더 튼튼하고 힘이 세며 균형을 잘 잡아서 걷거나 뛸 때 잘 안 넘어진다고 해요. 중요한 것은 무엇이든 스스로 할 때까지 그냥 안전과 위생만 잘 지켜주시면서 두고 보셔야지, 미리 억지로 세우거나 걸리지 않아야 기초가 잘 다져져서 좋답니다.

심신의 균형 잡힌 완전한 건강체다!

사람이 건강하다는 것은 몸도 건강하지만 마음도 건강해야 완전한 건강이라고 할 수 있대요. 어떤 사람은 몸은 아주 건강한데 정신이 좀 이상해서 병원에 입원하는 경우도 있어요. 또 어떤 사람은 몸도 건강하고 정신도 건강해서 학교에서 공부도 잘 하는데, 정서가 불안정해서 친구들과 어울리지 못한대요. 그래서 함께 놀지 못하니까 집에 와서 짜증 부리고, 그러니까 또 엄마에게 꾸중도 듣고 그런데요.

이런 걸 악순환이라고 한다면서요? 사실은 그 아이가 태어난 첫 해에 엄마 젖을 충분히 먹지도 못하고, 엄마가 외국으로 공부하러 가는 바람에 엄마와 떨어져서 초기 애착관계가 안 생겨서 그렇다더라고요. 따라서 몸과 마음이 다 건강하려면 영아 때는 누구든지 아기가 완전히 신뢰할 수 있도록 계속 잘 돌봐줘야 된대요. 그래야 평생 안정감을 가지고 살 수 있다고 해요. 돌보는 사람이 바뀌기보

완전한 사랑은 균형 잡힌 완전한 건강

다 한 사람이 절대로 믿게 해야 좋답니다.

윤리 도덕적으로 완전한 사람이다!

　　세상에 완전한 사람은 없다고 하지요. 그러나 보통 수준에서 윤리와 도덕적으로는 완전할 수는 있대요. 사람의 한계에서 그냥 모든 면에서 완전하다는 것은 거의 불가능하나, 사회생활을 하는데 윤리나 도덕적으로 흠이 없는 사람은 많아요. 그렇기 때문에 사회가 건전하게 움직이고 안정되게 살 수 있어요. 엄마 아빠처럼 처음부터 그렇게 생각하고 제게 그 생각을 보내면 저는 반드시 그렇게 되므로 정말로 큰 다행입니다.

　　사람은 언제 어디에서도 그 자리에서 반드시 지켜야 할 규범이나 원칙이 있는데 거기에 위배되지 않고 항상 그 위치에 맞는 양심을 지키면 그는 완전한 사람이 될 것입니다. 윤리나 도덕이 경우에 따라 조금씩 강조점이 달라지는 면은 있을지라도, 사람이 지켜야 할 기본적인 수준은 어디서나 유사하니까 충분히 완전할 수 있을 것입

사언은 노른 사림을 전새로 보낸나

니다.

정말 똑똑하다!

원래 사람은 누구나 다 똑똑해요. 그게 자연법칙이거든요. 왜
냐하면 모두가 서로 다르게 나니까, 다른 사람이 안 가진 것도 가져
서, 가진 사람은 보통이지만 남이 보기에는 대단한 경우도 많아요.

그런데다 처음부터 그렇게 설정해두고 그 생각을 제게 전달하
며, 음식도 뇌 활동에 좋은 것을 먹으면 반드시 그렇게 되지요. 감
사합니다! 정말로 똑똑한 사람이 되게 해서요. 똑똑하다는 것은 지
혜가 가득한 것을 말하며 세상을 사는 데 가장 가치가 큰 것이라 참
좋아요!

사교육비가 필요 없다!

아이들이 자라면서 여러 학원에 다니고 과외 때문에 엄마 아빠
가 돈을 많이 쓰는데, 저는 사교육비가 전혀 안 들게 정해주셨으니

이런 운동으로 선행학습을 멈춰야!

까, 혼자서 스스로 다 할 수 있게 되어 참 다행입니다. 엄마 아빠 정말 감사해요! 그런데 그렇게 되려면 제게 가르치지 마시고 제가 스스로 할 수 있도록 도와주면서 기다려 주셔야 돼요. 저는 아주 완전한 자율적 존재이기 때문에 가르치면 수동이 되기도 하지만 고장이 나고 완전히 망가지기도 해요.

입도선매로 취업(창업)한다!

한국 남자의 경우는 병역의무까지 끝내면 대체로 26,7세에 학부를 마친다면서요? 그리고 4년제 대학을 졸업해도 40%정도가 정상 취업이 안 되어 알바생활을 한다고 해요. 차라리 중졸 후나 고졸 후 일찍부터 자기의 관심분야나 전문분야에서, 남이 안 하는 것을 하면 무엇을 해도 10년쯤이면 충분히 창업이 가능하잖아요. 10년이면 강산이 변한다는 것은 오히려 옛말이고 이제는 3년이면 숫제 강산이 없어지는 걸요.

자신의 재능분야는 대체로 초등 4,5,6때 충분히 확인할 수 있고, 어떤 것이 가능한지도 인터넷이나 미래예측 책으로 충분히 알수 있어요. 차라리 등록금과 정규과정에 투입하는 시간에 자기 분야의 책을 읽거나 세계여행을 하면서 삶을 배우는 것이 실용지능을 높이는데 훨씬 좋아요.

우리가 냉정히 생각해야 할 것은 정말 자신이 학문으로 고도의 지적 성과를 내려는 것이 아니라면, 굳이 대학은 물론 고등학교도 갈 필요가 없다고 봐요. 중요한 것은 현장에 통하는 것을 찾거나 만드는 것이지, 교과서나 도서관에서 찾아서 학점이나 받는데 쓰는 것은 별로 가치가 없어요.

잘 된 작물은 입도선매로 잘 나간다

그 답은 이미 가치가 다 한 죽은 것이거든요. 교과서도 과거의 지식이고 선생님이나 교수가 전하는 것은 더 과거 일 수도 있으며 기껏해야 어제의 것이지 내일이나 내년의 것은 거의 없잖아요? 그러나 산업현장에서 필요한 것은 미래의 것인데, 과거의 정답이 무슨 소용이 있어요? 그러니 40%가 노는 건 당연해요. 미안하지만 더 많이 놀아야 정상인걸요.

그런 것만 다루었으니까 실제로 산업현장에는 사람이 없고 대졸실업자는 일자리가 없는 게 아주 자연스럽지요. 지금은 어지러울 정도로 변하는데 새로운 가치를 만드는 모델은 아예 다루지도 않으니 실망스러워요.

주위 사람들이 다 좋아한다!
사람이 사는 맛은 주위 사람이 준다면서요. 속된 말로 아무리 잘나고 탁월해도 아무도 알아주지 않고 좋아하는 사람도 없으면 정

학문연구가 아니면 대학에 안 가는 것이 성공(김정원)

말 무슨 맛으로 살겠어요? 사람은 사회적 동물이라 반드시 다른 사람과 더불어 살아야 되고 남이 필요한 사람이 되어야지요. 자연은 세 가지 목적으로 세상 사람을 다 다르게 보냈대요. 첫째는 다 제구실을 하면서 대접받고 살라는 것이고, 둘째는 서로 다르니까 다른 사람에게 필요한 것 주면서 돕고 살라는 것이며, 셋째는 서로 다른 것 합해서 더 좋은 것 만들라는 것이래요. 그러니까 많은 사람이 좋아할수록 더 좋지요.

세계에서 유일한 전문가다!

사람이 다 다르게 태어났으니까 반드시 자신이 타고 난 것을 잘 개발하여 그 분야의 전문가가 되면, 세상에는 단 한 사람뿐이라, 유일한 전문가가 되어서 늘 독점적인 사람이 되어서 얼마나 좋겠어요. 아빠 엄마 저를 그렇게 세상에서 유일한 전문가로 만들어주셔서 저는 평생 경쟁자가 없이 신나게 살 수 있어서 감사해요.

모든 사람은 유일한 전문가

세상 사람이 70억이 넘는다고 하지만 같은 사람은 하나도 없지요. 그런데 한국의 부모님들은 옆집 애가 하는 것을 똑 같이 따라 해서 경쟁만 가열시켜요. 서로 다른 것을 해야 되고, 다르게 보냈으니 달라야 되는데, 원래 가지고 태어난 특성을 생각하지 않고 자꾸 남 같이 되라니 딱하지요.

실용지능이 높아 해야 할 일을 척척 잘 해낸다!

실용지능이란 바로 사회생활에 필요한 예절과 교양과 문화가 바탕이 되는 능력으로 일상생활의 현장에서 잘 통하는 능력이랍니다. 사람과의 관계형성이나 어떤 사안에 대한 판단력과 대응력과 순발력과 창조력 등이고요. 이것은 타고난 분석적 지능으로는 도저히 대치할 수 없는 것이며, 실용지능은 순전히 예절, 교양, 문화, 대인관계 등의 차이에서 온대요.

성적은 단 시간에 올릴 수도 있지만 이 실용지능은 어릴 때부터 형성해야 하는 인격과 같은 것이라, 가정이 화목하고 평화로우며 교양이 있어야 바람직한 환경이 되어 실용지능이 잘 자란다고 합니다. 특히 한 사람의 사회적응과 성공 실패를 좌우하는데 극히 영향이 큰 실용지능은 가정에서 많이 습득되므로 자라나는 가정이 일생에 가장 중요한 터전이래요.

사람은 문화의 산물이므로 성장환경에 따라 반드시 차이가 날 수 밖에 없겠지요. 송이는 송이 밭에서 난다는 말처럼 가정이 실용 지능을 키우는 가장 좋은 밭이란 말입니다. 실용지능은 사회적 기능 과 정신적 기능 및 지식과 태도를 다 합한 것이라, 국영수와 같이 반드시 오래 반복연습해서 몸에 배이게(체질화, 근육에 기억시킴) 해야 된대요.

가정에서는 절대 정직, 절대 신뢰, 절대 순결, 절대 무사(無私) 를 지키는 것을 기본으로 해야, 가족 간에 터놓고 질문하고 정직하 게 답하며, 고의적으로 가리거나 왜곡시킴이 없이, 예절과 교양과 문화와 진리가 바로 서고 체득되어, 언제 어디서도 흔들리거나 치우 치지 않는 바른 것과 안정을 유지할 수 있게 성장해서 좋지요. 엄마 아빠 그래서 참 감사해요.

재미있는 사람이다!

사람이 재미를 느끼는 것도 아주 주관적일 수 있다면서요? 왜

실용지능은 숲처럼 장기간에 형성

냐하면 똑 같은 코미디를 보고도 어떤 사람은 전혀 안 웃거든요. 안 웃기로 작정한 사람은 정말 구제불능인가 봐요. 자신이 재미를 느끼는 것도 좋지만 남을 재미있게 한다는 것은 더 좋아요. 저를 재미있는 사람으로 설정하신 것은 남을 재미있게 하고 사회를 밝게 웃음이 있게 하니 더욱 좋지요.

　남을 배려하고, 사람들이 생각하는 방향을 바꿔주며, 무겁거나 어색한 분위기를 확 바꿔놓는 기능은 정말로 귀하다고 봐요. 이런 기능은 생기를 불어넣는 것과 같아서 얼마나 필요한 기능인지 몰라요. 저는 엄마 아빠가 설정하신 그대로 언제 어디서도, 물론 경우와 분위기에 맞게 하겠지만, 사람들이 밝고 즐겁게 지내도록 노력해서 늘 재미를 만들겠습니다.

일생 행복한 사람이다!

　세상사람 누가 불행을 원할까요? 모든 사람이 다 행복하기를 바라지요. 그러나 행복감을 갖는 것은 순전히 자신의 선택이기 때문에 참 말하기 어려워요. 똑 같은 경우에도 어떤 사람은 박장대소로 "와-아, 정말로 행복하다!"하는 사람도 있지만, 어떤 사람은 정 반대로, "어쩜 이럴 수가?" 그러면서

절대 신뢰 관계

한숨을 쉬는 사람도 있어요. 한국의 옛 어른들의 노랫말 중에 "아침에 우는 새는 배가 고파 울고, 저녁에 우는 새는 임이 그리워 우네!"란 것이 있대요. 그런데 이때 배가 고파 운다는 것을 슬프게 보는 사람이 많답니다. 물론 그 때는 먹을 것이 부족하던 때니까 그럴 수는 있어요.

그러나 배가 고프다는 것은 먹을 것이 없다는 표현보다, 몸이 건강해서 배고픔을 느끼니까 얼마나 좋아요? 실제로 아무리 돈이 많고 권력이 있으며 명예가 넘쳐도 건강이 안 좋아 병원에 누워 있으면, 하루 종일 배고픔을 못 끼는 경우도 많거든요. 하루 세 번 배고픔을 느낀다면 삶에서 가장 중요한 건강이 그만큼 좋으니 얼마나 행복해요!

뿐만 아니라 자연은 사람이 항상 행복감을 갖고 신나게 살라고 사람의 뇌에 행복물질을 많이 생산하는 기능을 주었어요. 그런데 그 행복물질은 주로 생각으로 생성할 수 있거든요. 뇌가 생성하는 행복

일생행복은 한결같음

호르몬은, 일반적인 행복감을 주는 도파민, 숙면하게 하는 멜라토닌, 즐겁게 하는 엔도르핀, 평화로운 기분을 갖게 하는 세로토닌, 그리고 극치의 기쁨이나 쾌감을 주는 옥시토신 등이라는 군요. 이런 행복물질들은 뇌의 시상하부 아래에 있는 뇌하수체의 전엽에서 생성되는데 환경의 영향보다는 생각의 영향을 많이 받는다고 해요. 즉 똑 같은 상황에서도 생각에 따라 이런 행복호르몬이 나올 수도 있고 안 나올 수도 있다는 거지요. 사람은 생각에 따라 행불행을 선택할 수 있다고 후성유전학이 최근에야 밝혀서 우리를 더 행복하게 해요. 그 덕택에 저를 일생 행복하게 살도록 마련해주셨어요.

애국자이다

누구든지 이 땅에 살려면 국적이 있어야 되고, 자신이 여러 모로 보장받고 잘 살려면, 그 국가가 여러 면에서 좋아져야 되지요. 또 그러기 위해서 모든 국민이 애국자가 되어야 하는 것은 너무나 당연하지요. 애국자가 된다는 것은 우선 국민으로 기본적인 의무를 다 하고, 다음은 자신이 국가를 위해 기여해야 하거나 할 수 있는 것을 하면 되겠지요.

그러나 결코 스스로 국가에 누가 되거나 짐이 되어서는 안 될 것이며, 한 국가가 성장 발전해야 하는데 방해가 되거나 국위와 국가의 힘을 약화시키는

행복은 자연의 선물

누구도 의지하지 않는 자연

일은 결코 하지 말아야 될 것입니다. 한국의 역사에서도 국가를 위해 희생하신 분도 많고 국가를 위해 대단한 업적을 남기신 분들도 많은데, 지금 우리가 여기에 이만큼 있는 것도 다 그분들의 기여 때문이라고 봅니다. 후손들의 존경을 받아야 할 애국자들이 많아서 참 좋아요.

저도 애국자로 설정하셨으니까 건국이념과 헌법정신 및 구체적인 법질서를 지킴은 물론 제가 할 수 있는 모든 역량을 다 투입해서 국가에 이익이 되는 일을 많이 하겠습니다. 정말로 엄마 아빠가 자랑스러워할 만큼 절실히 필요한 애국자가 되겠습니다.

항상 새롭게 성장 발전한다!

생명체의 특성 중에 반드시 성장 발달한다는 것이 있었어요. 생명체가 성장하지 않거나 점점 더 나아지지 않으면 그것은 생명체가 아니란 의미도 되는 것이지요. 특히 사람에게 이 특성은 대단히 중요한 것 같아요. 사람의 가치는 점점 더 나아지는 것이 가장 바람직하거든요.

사람은 태어나서 3년 정도는 거의 절대보호 상태에서 자라지만 4세만 되어도 조금씩 자신의 가치를 만들어 내잖아요. 물론 그 전에도 생명체라는 것과 천사보다 훨씬 나은 아기라는 것만으로도 충분한 가치는 있겠지만요. 나이가 들면서 몸이 자라고 정신이 자라 사람에게는 의무가 주어지기 때문에 그와 관련된 가치를 만드는 것은 정말 중요하지요.

원래 사람이 이 땅에 보내진 목적은 남에게 필요한 것을 제공하라는 것이니까 사는 한 계속 더 좋은 것을 더 많이 제공할수록 좋겠지요. 그러려면 자신이 먼저 성장하고 발전해서 항상 더 나은 사람이 되어야 되고요. 그래서 늘 열심히 배우고 일하며, 누리고 나누면서 베풀고 기여하면 항상 더 많은 사람들이 나를 필요로 하겠지요. 그것이 성장 발전 아닐까요.

그런데 여기서 특별히 생각하고 실천해야 할 것은 어떤 어려움이 있어도 주저앉지 않고 계속 나아지게 해야 된다는 것입니다. 사람이 사는데 늘 평화롭고 평탄한 날만 있는 게 아니잖아요? 왜냐하면 항상 평탄하고 쉬운 날만 있으면

지구상 누구나 애국자

저항력이나 순발력이 떨어진다고 해요.

아무런 움직임 없이 가만히 오래 앉거나 누워 있으면 참 편안하지만 몸의 순발력이나 활력이 없어지는 것과 같이, 사람의 정신력이나 지적 능력도 그렇답니다. 즉 급하거나 복잡하거나 또는 어려운 일을 처리해봐야 정신이 깨어서 신속하게 문제해결을 잘 하는 능력이 생긴대요.

어쩌다 자신도 모르는 사이에 사람들과 관계가 나빠지거나, 건강에 이상이 생기거나, 재미있던 공부가 싫어지기도 한다는군요. 그러면 어렵거나 안 된다고 체념하는 게 아니라, 정신을 더욱 가다듬고 벌떡 일어나 그런 어려움을 다 해결하고 그것을 계기로 더 좋아지게 하는 것이 바람직한 삶이라고 해요. 그리고 세상이 절대 쉬운 것만 있을 수는 없답니다. 만약에 어려운 시험에 통과하지 못하면 진학을 못하는 것과 같죠.

이렇게 어려움을 겪는 것은 고통이 목적이 아니고 그것을 통해 더 좋은 사람이 되게 하는 훈련과정이래요. 그래서 성공적이고 행복

나무는 자라지만 바위는 항상 그대로

한 삶은 실패를 하거나 어려움을 당해도 다시 시작하는 힘이 강해야 주어진답니다. 그리고 그런 힘을 회복탄력성이라고 하며, 대표적인 인물이 링컨이래요.

계속 창조하는 사람이다!

사람을 서로 다르게 세상에 보낸 것은 남이 안 가진 것을 잘 개발하여 남에게

개 팔자는 무가치

필요한 것을 주라는 의미랍니다. 그러기 위해서는 자기 분야에서 계속 새로운 것을 만들어야 되지요. 새로운 것을 만드는 것이 바로 창조활동이기 때문에 사람의 삶은 계속 창조해야 되는 게 맞아요.

사람의 가치는 자기분야에서 계속 자신의 역량을 향상시켜서 다른 사람이 필요로 하는 가치를 더 만드는 것이지요. 세상에 온 목적이니까요. 그러기 위해서는 반드시 자신만의 가치를 더 향상해야지요. 원래 다른 동물은 늙을수록 힘도 약하고 몰골도 안 좋아지는 것이 정상이라고 해요. 기계도 사용할수록 낡아서 성능이 점점 떨어지고요. 그런데 사람은 그럴 수도 있고 안 그럴 수도 있대요. 왜냐하면 사람은 마음으로 인정하지 않으면 늙지도 않고 기억력이 쇠퇴하지 않는답니다.

사람들이 잘 몰라서 나이가 들면 당연히 노쇠해지고 몸도 아프다고 인정하기 때문에 그렇게 된대요. 최근 후성유전학이나 신경과학이 밝힌 바로는 나이 들어도 "나는 늙지 않고, 건강이나 머리

가 전혀 나빠지지 않는다"고 생각하면서 노력하면 안 늙는대요. 그리고 나이가 들어도 전반적인 건강이 좋아지는 것은 물론, 뇌세포도 하루 700개 이상이나 더 생겨서 기억력도 전혀 이상 없대요.

학자들이 여러 실험을 거치면서 확인한 것이니까 충분히 가능하고 실제로 그런 사례도 흔히 볼 수 있지요. 저는 다행히 엄마 아빠가 아예 그렇게 설정했으니까, 나이가 들수록 더 가치 있는 여러 가지를 계속 창조하도록, 엄마 아빠도 생각해주시고, 저도 늘 아무리 나이 들어도 늘 활력적으로 창조활동을 할 것으로 여기고 있으면 얼마든지 가능하다고 봐요.

가정을 낙원으로 만든다!

가정은 애정집단이라고 했습니다. 가정은 사회의 세포라고도 했고요. 가정은 행복의 원천이라고도 하더라고요. 가정은 아이들의 꽃동산이란 시도 있었어요. 국어사전에는 가정을 "부부를 중심으로 그 부모나 자녀를 포함한 집단과 그들이 살아가는 물리적 공간인 집을 포함한 생활 공동체를 통틀어 이르는 말"이라고 정의했더군요. 여기서 중요한 단어가 "부부, 그들의 부모와 자녀, 생활 공동체"인 것 같아요. 부부는 사랑으로 맺어진 사이지요. 부모와 자녀도 사랑으로 이어진 관계이고요. 생활공동체란 함께 사는 공동체니까 반드시 사랑이 전제되고 실천되는 장이어야지요.

그런데 엄마 아빠는 가정을 가정이라 하지 않고 人場이라고 하셨어요. 이는 가정은 사람이 생기고 나서 자라며 사는 곳이란 의미지요. 정말로 바람직하고 좋은 의미 같아요. 사람을 만든다는 것은 그냥 생물이나 동물이 아니라, 문화와 윤리 도덕 등 사회생활을 정

상으로 하면서, 자신이 속한 사회에 아주 유익한 기여를 하는데 필요한 것을 다 갖춘 사람을 키워내는 것이지요. 요즘은 학교성적이 좋거나 일류직장에 속하거나 특출한 외모를 갖춰 대중의 인기를 끌면 다른 것은 거의 면제해주는 경우가 많은데, 그것은 사람이 갖춰야 할 기본 중 일부에 해당할 뿐 전체는 아니지요.

그렇게 사람이 갖춰야 할 것들 중 "자신이 정말 사람다운 사람이 되고, 가정 구성원으로 바람직해야 하며, 자신이 속한 사회에 탁월하고 유일한 가치를 제공하는 인재가 되는 것"이 핵심일 것입니다. 그런데 그 중에 하나가 바로 가정을 낙원으로 만드는 것이지요.

다른 사람들과 더불어 일을 잘 한다!

모양을 갖추어 우리 눈으로 볼 수 있는 모든 생물이나 무생물은 다 반드시 다른 원소나 다른 것들과 합했기 때문에 생겨났습니다. 나무나 풀 다양한 동물들이 다 세포라는 생명단위로 만들어졌거든요. 사람은 220종이 넘는 세포들이 더불어 일을 하니까 하나의

계속 창조한 자동차 모습

생명체로 살 수 있어요.

　사람이 아름다운 꽃을 보고 아주 만족하게 미소를 짓게 되려면 얼마나 많은 다른 기능이 함께 더불어 활동해야 되는지 보시겠어요? 제일 먼저 눈을 통해 모양과 색상 등 감각정보를, 뇌간을 통해, 시상으로 보냅니다. 시상은 일종의 중계소처럼 이 정보를 시각 전담 피질로 보내면, 거기서 구체적으로 처리한 뒤 전전두피질을 거쳐 해마로 가서, 이미 저장된 자료와 비교하면서 감탄도 하고 실망도 합니다.(미치오카쿠, 마음의 미래)

　이렇게 5기능이 합해서 꽃을 감상하고 또 그 정보를 저장도 하는데 여기서 어떤 기능이 "난 안 할래!"하면서 저항하면 우리는 도저히 탁월한 시각 기능을 살릴 수 없어서 큰 아쉬움을 갖지요. 이는 모든 감각처리과정과 행동결정과정이 다 거의 비슷하게 협력해서 수행해야 돼요. 우리의 몸 하나도 그렇지만 한 사회가 움직이려면

아주 다른 여러 기능이 합해서 움직
이니까 더불어 일을 잘 해야 되는
것은 아주 기본이지요.

가정은 사람 자라는 곳

　　사람의 몸이나 생명체를
구성하는 것도 비슷해요. 가장
기본원소는 먼저 탄소 산소 수소
질소 원자가 합해서, 생명의 기본 영
양이 되는 단백질을 합성하는 아미노산 분
자를 만들고, 또 다른 분자들과 합해서 세
포를 만들지요. 아미노산이 될 때는 수소 원자가 4개, 탄소가 2개,
산소도 2개, 질소는 딱 1개로 돼요. 그런데 이 때 수소가 자기는 넷
이나 동원되는데, 탄소나 산소는 둘씩 나오고, 질소는 혼자 달랑 나
온다고 기분이 상해서 함께 못하겠다면 영원히 아미노산은 생기질
않죠. 그뿐 아니라 단백질 합성이 안 되니까 생명체가 생성될 수가
없어요.

사회에 크게 기여한다!

　　우리가 이 땅에 사는 것은 남을 돕고 자신이 속한 사회에 기
여하기 위해서라고 합니다. 누구나 다 서로 협조해야 모두가 다 잘
살 수 있게 되어있답니다. 우리가 지구에 살기 위해서 태양은 적정
한 거리에서 적정한 열과 빛을 보내주고, 또 서로 균형 맞게 잘 돌
아가도록 속도가 정해져 있고요. 공기의 산소비율이나 지구의 진동
수나 회전 속도도 적당하며, 심지어 중력조차도 아주 최적하게 되
어 있대요.

생태계는 생태계대로, 정부의 행정체계와 지자체의 상호관계 및 사회의 각 기능이 상호 유기적으로 잘 연결되어 각각의 기능으로 서로 협력하면서 기여한답니다. 사실은 우리 몸이 건강하고 일할 수 있는 것도 여러 조직과 장기가 다 서로 협력하고 기여하기 때문에 가능하대요.

그래서 엄마 아빠는 아예 제가 사는 사회에서 크게 기여하는 사람으로 정해주셔서 정말 감사합니다. 그러기 위해서 제가 가지고 난 것을 최상의 수준으로 개발하여, 반드시 남이 못하는 것을 이루어 세상에 많은 사람들이 득을 보게 해야겠습니다. 사회에 크게 기여하는 사람이 되기 위해 가장 먼저 해야 될 것은 제가 타고난 것을 제대로 개발해야 되는데 그러려면 성장과정의 지원이 잘 되어야 가능하대요. 그것은 엄마 아빠가 저의 소질을 가능한 한 빨리 알아서 그 분야의 전문가가 되도록 도와줘야 된답니다. 그래야 저는 남다른 유일한 전문가가 되어서 다른 사람과 사회에 도움을 줄 수 있거든요.

세상은 더불어 사는 곳

학문적 노벨상 수상자가 되거나 버금간다!

노벨상이 학문연구의 전부는 아니지만 그래도 기술이나 전문성 수준을 최고로 인정받으며, 실제로 사람들의 삶에 크게 기여해서 좋아요. 그런데 일본은 학문적 노벨상 수상자가 2015년 현재 21명이나 되는데 우리는 한 사람도 없는 것이 정말 부끄럽고 한스러워요. 일본은 물리학상 10명, 화학상 7명, 생리 의학상 2명 등 과학 분야 수상자만 19명이래요. 그런데 제가 노벨 물리학상을 받는다고 하셨으니 정말 좋아요.

학문적 수상자들의 특성이 있는데 그들은 사람들이 당연하게 여기는 것에 의문을 가지고 왜 그런지 골똘히 파고들어서 끝장을 본대요. 그러니 자연히 모든 것에 관심을 가지고 왜 그런지 원점에서 출발해보면서 새로운 것을 찾아내고 만답니다. 뉴턴의 만유인력도 그런 경우겠지요. 사과야 당연히 떨어지고, 돌도 던져 올리면 반드시 떨어지는데 거기에 뭐 의문이 있다고 파고들어요? 그래서 중력을 확인했지요.

수많은 여러 가지가 합해야 더 좋아져!

미치도록 좋아하는 일에 몰입해야(김정원)

초일류 세대(Ultra-Super-Generation)다!

　　초일류 세대란 한 마디로 하면 "사람으로는 더 이상 바랄 것이 없는 정도로 모든 면에서 모범이 되고 탁월한 사람"이랍니다. 창조성이 뛰어나고, 인품이 고매하며, 자율성이 강하고, 도덕성이 완벽하며, 영성이 탁월하고, 공동체성도 높은 사람입니다. 예절도 제대로 갖추었고, 문화적 수준이나 안목도 높아서 언제 어디서도 리더가 될 수 있는 사람이랍니다.

　　자기분야 전문성이 탁월하여 그것으로 충분히 기여할 수 있고, 건강이 좋아서 일생 일하는데 부족함이 없으며, 물적 정신적 정서적으로 풍요로워서 언제나 나누고 살 수 있는 정도입니다. 모든 면에서 탁월하니까 자연히 자신의 주위에 기여하며 살 수 있고, 그러다 보니 일생이 행복하답니다.

　　굳이 그에게서 어떤 결함을 찾으려고 노력하면 찾을 수는 있겠지만 그냥 보통의 수준이나 삶에서는 특별한 결함이라는 것도 없고,

모자라는 것도 없으며, 남을
도와주기는 해도 아무런 해를
끼치지 않는 삶이랍니다. 늘
모범이 될 수 있고 건강하며
자신의 분야에서 충분히 기여
하여 반드시 필요한 사람으로
인정받아 부러울 것이 없는 정
도라고 합니다.

왜 시계바늘은 오른 쪽으로 도는가?
이런 의문이 노벨상의 출발

사람이 자라는 과정은?

생명체는 완성이 없다지요. 생명이 있는 한 계속 자라거나 성숙된다는군요. 사람은 성숙이란 면에서는 더욱 더하겠네요. 사람은 나이가 들면 늙는다고 하지만, 그것은 노쇠나 쇠약이 아니라 성숙과 원숙함이 더해지는 것이랍니다. 그래야 사람은 살수록 가치가 증가하여, 성장 발달해야 된다는 생명의 특성을 이루거든요. 사람의 자람을 크게 구분하면 다음과 같이 나눌 수 있을 겁니다.

"① 제일 먼저 엄마 아빠의 생각에서 구체적인 이미지가 그려진 후 ② 그 이미지를 형태화할 정세포형성과 난세포 준비 ③ 정세포와 난세포의 만남과 수정세포 착상 ④ 태중 10개월간 생후 환경적응 준비 ⑤ 출생 ⑥ 영아기, 유아기, 유년기, 소년기 각각 3년씩 12년간 사람의 기초형성 ⑦ 청소년, 청년, 장년, 중년, 노년으로 점차 성숙되어 자기 분야 정점에 이름 등으로 자라요. 그런데 여기서는 생후 12년간만 돌보는 것으로 하겠습니다. 청소년 이후는 또 다른데서 다루기로 한답니다.

그리고 크게 전제로 할 것이 사람이 정상으로 살다가 나이 많아 죽는 것이 아니라, 다른 차원으로 넘어가는 것으로 했습니다. 땅

의 삶을 끝낼 때 다 끝나는 것이 아니라, 그 후에도 사람의 핵심이 계속되는 것으로 본단 말입니다.

왜 그런가 하면요, 사람이 살면서 다음 세대에 자신의 몸과 본능과 사람의 기본원형을 넘겨주기 때문이랍니다. 그러니까 한 번 이 땅에 사는 것으로 끝나는 것이 아니라, 영원히 이어지는 삶을 살기 때문에, 일단 태어난 이상 진지하게 자신의 삶을 의미 있고 가치 있게 해야, 점점 더 좋아지는 사람이 되도록 기여한다는 것입니다.

생명의 시작 : 양질의 DNA 개발

　　사람생명의 시작은 엄마 아빠의 생각이래요. 즉 아빠와 엄마가 저를 갖기 전에 "우리 귀요미를 이런 사람이 되게 합시다!"면서, 1개월간 저의 구체적인 특성을 설계할 때 귀요미의 생명이 시작되었습니다. 저는 그 때 형태는 없지만, 에너지 파동이 이미지로 있게 되었습니다. 일체 유심조란 말처럼, 마음에 없으면 아무 것도 없기 때문에, 아빠와 엄마는 제일 먼저 마음의 생각으로 한 달 동안 저를 구체적으로 만들었습니다.

　　그런 다음 아빠는 저의 DNA를 양질로 만들기 위해서, 3개월간 음식을 골라서 드시고, 적당한 운동으로 신체적 활력을 높였으며, 스트레스 없는 좋은 생각으로, 설계된 저의 모습을 늘 생각하면서 그런 사람을 만들 탁월한 정세포를 생성시켰습니다. 물론 엄마도 똑 같이 최선의 난세포가 나오도록 음식과 운동과 생각으로 준비하

씨앗에 따라 꽃이 다르다

셨고요. 옛날 우리의 선조들이 임신 전에 100일 기도를 하신 것을 그대로 지키신 것이라 감사합니다.

그리고 생각으로 저를 설계하기 시작한지 5개월 때, 두 분은 새로 생성된 정세포와 모든 면에서 아주 탁월한 난세포가, 최상 최선의 상태에서 만날 수 있도록, 시간과 장소와 모든 물리적 심리적 조건을 아주 좋게 갖추어, 애정 순도 100%의, 정말 구별된 합궁을 하셨습니다. 그래서 제가 에너지 파동에서 입자의 형태를 갖춘 사람이 되었습니다. 그리고 1주일간 안정된 상태를 유지해서 저는 엄마의 자궁 최상의 자리에 착상했습니다.

태중 10개월 : 생후 환경적응 준비

1801년 전주에 살았던 사주당 이씨가 쓴 세계 최초의 태교교본인 태교신기(胎敎新記)에는 생후 10년간 훌륭한 스승에게 잘 배우는 것보다, 엄마 배속의 10개월이 더 낫고, 엄마 배속의 10개월보다는 아빠의 하룻밤 정심(正心)이 더 낫다"는 말이 있습니다. 10개월이 10년을 능가한다니 반드시 제대로 투자할만한 가치가 있겠지요. 이 말이 진실하다는 것을 지금 후성유전학과 신경과학에서 증명하고 있어요.

태교를 잘 한다는 것은 그만큼 가치가 있다는 말입니다. 그럼 어떻게 하는 것이 잘 하는 것일까요? 우선 태중 10개월간 핵심적인 변화를 보면 알 수 있습니다. 정세포와 난세포가 만나면 수정란이 되는데, 그 때부터 아주 왕성한 세포분열이 시작되어, 10개월간 완전한 사람의 모습을 다 갖추게 돼요. 완전한 사람의 모습이 되면, 세포의 종류가 200종이 넘고, 세포의 수는 이미 십 조개가 넘어요. 그러니 최초에 설계된 모습과 특성을 다 갖추려면, 이렇게 다양하게 많은 세포가 분화되고 분열되는 동안 영양과 에너지(氣, 기)와 마음이 안정되어야 해요.

세포분열 안 되어 산 나무껍질이 죽어

그래서 엄마 아빠는 물론 전 가족이 다 태아를 완전한 인격체로 대우하면서 함께 생활해야 바람직하답니다. 영양은 물론 심리적 안정도 균형적이고 충분해야 하며, 뇌 발달이 잘 되게 적절한 자극이 필요해요. 사람의 뇌신경 세포는 태중 8개월째가 가장 많고, 그 후에 자극이 없으면 불과 2개월 만에 50%나 사라진다고 합니다.

12년 간 사람의 기초 완성

사람이 태어났을 때는 이미 생에서 가장 중요한 두 단계를 지난 후 3단계로 진입하는 것이지요. 씨앗형성과 옥토준비의 단계와 발아 및 새싹 단계가 지났습니다. 이제 엄마 아빠가, 제가 귀여운 모습으로 말씀 드리는 것을 눈으로 보실 수도 있고, 방글방글 웃는 모습에 만족하시잖아요. 서양 사람들은 태어났을 때 0살이지만 우리는 한 살이 되니까 태중과 그 전 단계를 한 살로 인정하는 아주 지혜롭고 고상한 민족입니다.

사람을 나무나 풀로 본다면 태어난 후는 땅 밖으로 나와 자라

넝쿨식물을 위한 지지대

는 단계이지요. 이때 거름도 주고 물도 주며 바람에 넘어지지 않게 버팀목도 세워주는 것이 참 필요하지만, 아예 씨앗이 나쁘거나 토양이 별로 안 좋았다면, 땅 위에서 아무리·잘 해줘도 큰 효과는 없을 것입니다.

이것은 사람의 경우도 같겠지요. 훌륭한 정세포와 난세포가 만났고 태내에서도 아주 안정되게 자랐으면 정말 바람직한데, 만약 그 첫 단추와 두 번째 단추를 잘못 끼웠다면 당연히 절망일 수도 있겠지요. 그런데 그럼에도 불구하고 사람에게만은 어느 시점에라도 늘 새롭게 될 수 있는 회복탄력성이 주어졌다고, 후성유전학이 보증한대요. 어떻든 이 대단한 복을 사람은 충분히 활용하고 누려야 된다고 봅니다. 그러니까 태어난 시점부터 시작해서, 만 12세까지만 아주 바람직한 사람이 될 기초를 다질 수 있게 해주면, 모든 사람의 일생이 참 행복하게 된다고 해요.

엄마의 모델

그러기 위해 엄마 아빠가 12년간 모델이 되어서, 훌륭한 인품과, 명석한 두뇌와, 자율성 실천과, 확실한 자신의 천부적 재능 발휘와, 건전한 생활습관을 제대로 실천하시면, 그 다음에는 안심하셔도 됩니다.

그러면 제가 삶이 늘 즐겁고 희망차며 사교육비 한 푼도 안 쓰고, 왕따도 안당하며, 모든 사람이 저더러 버릇과 예의가 좋고 바르다고 칭찬할 것입니다. 뿐만 아니라, 미래의 진출분야도 확실하며, 제가 할 일을 능동적이고 자율적으로 다 척척해나갑니다.

균형의 아름다움

그러나 엄마 아빠가 제가 되기를 바라는 대로 본을 안 보여주시면 저는 모델이 없기 때문에 아주 방황하거나, 전혀 엉뚱한 방향으로 나갈 수도 있으므로, 말이 아니고 반드시 삶을 생활습관으로 보여주셔야 됩니다. 일생을 그렇게 해주시면 더욱 좋지만 제가 초등학교를 졸업하는 만 12세까지 딱 12년간만 그렇게 해주시면 충분할 것으로 봅니다.

출생 후 환경이 크게 영향을 미친다는 아주 좋은 예가 있어요. 한국의 신고 배는 정말 맛있기로 유명하잖아요. 그런데 이 배를 미국 센프란시스코에 갖다 심었더니 돌배가 되었대요. 그러니까 자라는 환경이 식물에 영향을 미친 사례가 돼요. 또 우리나라에서 그 유명한 세진이 아시지요? 그는 두 다리가 없고 오른쪽 손가락이 2개뿐인 장애를 가졌지만, 장애가 전혀 없는 다른 사람들보다 훨씬 더 성공적이고 행복한 삶을 살면서 다른 사람들에게 아주 좋은 영향을 끼치거든요.

또 다른 예는 태중에서 출생 후의 환경에 적응되기에 적합하도록 몸을 준비시켰는데, 나중에 환경이 그 준비한 환경과 다르면 병이 생기고 말아요. 소아비만이나 소아 당뇨도 그런 경우이고, 평소에 건강하게 잘 지내던 사람이 40대 후반이나 50대 초반에 갑자기 당뇨나 고혈압 또는 뇌졸중이 발병하는 경우도 거기에 해당해요.

즉 태중에서 일부 영양에 균형이 덜 맞아서 아예 몸을 그렇게 준비시켰는데, 생후에 고단백 등의 영양 과잉이 되면 그런 부작용이 생겨요. 똑 같이 육식을 즐기고 영양이 과잉 공급되더라도 태중에서 영양이 충분했던 사람은 아무렇지도 않은데, 부족했던 사람만 병이 생기거든요.

사람은 타고나는 것도 굉장히 중요하지만, 생후에 어떤 환경에서 자라는지 그 환경이 아주 많은 영향을 미치므로, 생후 12년만 주의해서 생활하면 건강과, 지능과, 성품 등에 아무런 부족이 없이 살 수 있어요.

1-3세 영아기

　　엄마 아빠 저의 감각능력은 시각, 후각, 미각, 청각, 촉각, 통각 전반적으로 미숙한 상태입니다. 시각은 2-3일 지나니까 겨우 사물을 따라 눈동자를 움직일 수 있지만, 사물이 지나치게 가깝거나 멀리 있으면 볼 수 없어요. 보통 19-20cm 거리가 적당해요. 후각은 예민하지 않으나 좋아하는 냄새와 싫어하는 냄새를 구별할 수 있어요. 미각은 4가지 기본 맛인 달고, 시고, 쓰고, 짠맛 모두 다르게 반응하지만 쓴 맛보다는 단 맛이 좋아요.

　　청각은 태내에서 이미 발달되어 생후 3일이 되니까 엄마목소리를 듣고 좋아할 정도로 나자마자 엄마 목소리를 구별했어요. 촉각은 찬 것과 따뜻한 것을 비교적 잘 느껴요. 특히 냉각이 발달되어서 찬물에 대한 저의 반응은 민감해요. 아기들의 민감한 촉각은 입, 얼굴, 손, 발바닥, 배 등이므로 잘 만지고 쓰다듬어주는 것이 참 좋지요. 통각은 성인처럼 아픔을 크게 느끼지는 않지만 전반적으로 미숙하나마 조금은 느껴요.

영아의 자연스런 표정

　　반사운동 중에서 유용한 반사를 많이 하게 하는 것이 좋대요. 호흡리듬이 아직 원활하지 않기 때문에 모자라는 호흡을 보충하기 위해 하는 반사가 하품이나 재채기이므로 이상하게 보지 않아도 돼요. 젖을 먹기 위한 빨기 반사, 삼키기 능력, 젖을 찾는 찾기 반사 등은 정상이라는 증거이므로 잘 하게 두는 게 좋아요.

영아 전기에는 감각발달, 후반에는 지능발달이 뚜렷이 보여요. 걷기 시작하면 운동능력 발달로 신체 조절이 가능해지고, 점차 독립 행동을 하게 돼요. 즉 혼자서 놀이도 장난도 한다고요. 걸음마를 제대로 하면 완전히 새 세상이 열리므로, 자율성 보장을 위한 투쟁을 불사할 겁니다. "우유를 더 달라, 기저귀를 더 차겠다, 온갖 물건을 다 집어던지고, 혼자서 도로로 막 뛰어가는 등" 엉뚱한 짓(고집) 많이 할 거예요. 아무리 엉뚱한 행동을 해도 안전과 건강에 지장이 없는 한 억지로 말리지 말고 할 수 있게 해주는 것이 제대로 자라게 하는 것입니다. 그래야 애착의 결정적 시기에 관계형성과 자율성과 도전성과 동기형성까지 다 제대로 발달되어요.

정서의 특징은 격렬하고 일시적이라 좀 놀라울 겁니다. 통제가 부족하기 때문에 느끼는 대로 표현하니까 거칠고, 상황이 바뀌면 금방 변해요. 금방 웃다가 언제 그랬냐는 듯 울음을 터뜨리지요. 웃음에서 울음으로 공포에서 호기심으로 쉽게 변해가며 금방 잘 잊어요.

사회성에서도 까다로운 영아의 부모는 인내심을 가지고 아이 요구에 민감하게 대처해야 아동기나 청년기에 더 이상 까다로운 기질이 안 나타난대요. 애착의 경우도 아기가 울거나 도움을 청할 때 신속하게 애정을 보여야 잘 형성되지만, 안 그러면 애착형성 시간도 길고 강도도 약해져요.

애착은 가장 가까운 사람에 대해서 느끼는 강한 유대관계로 생후 6-8개월경이면 특별한 애착을 발달시키는데 엄마나 아빠에서

애착이란 이런 것

가족과 친구에게로 넓혀 간답니다. 아기가 최초로 애착을 형성하는 사람은 18-24개월경부터 아기의 성격발달에 결정적 영향을 미치므로, 어린 시기에 바람직한 애착형성이 되지 않으면 성장한 후의 대인 관계에도 문제가 되기 쉽대요.

뇌 발달을 위해 유의 하실 것

엄마 아빠, 아무리 바쁜 일이 있어도, 일단 제가 울면 만사 제쳐두고 와보셔요. 그래야 저도 매사에 관심을 갖게 되고 동기도 형성되거든요. 강한 색채 대비를 보여줘서 깨워주시고, 부드러운 자연음으로 뇌를 깨워 시냅스를 막 생기게 해요. 마사지 많이 해서 신체 기능 다 깨워주시고요.

옹알이에 꼭 따라 해 주셔야 좋습니다. 전자동 보조기는 절제하셔야 제가 더 빨리 튼튼하게 발달해요. 울음 구별해서 대응하시고, 모든 감각을 골고루 깨우도록 다양한 자극을 주셔야 돼요.

아기마다 기질이 다르니까 기질에 따라 다르게 양육하시도록

알록달록 아름다운 천연 우리 색

잘 관찰해서 대응해주십시오. 옆집 아이처럼 대하지 마시라고요. 감정을 조절할 수 있도록 도와주시고, 옹알이에는 아이의 말투로 대답하셔야 됩니다. 자기 몸을 가지고 놀게 두시고, 알록달록한 도형으로 시각을 자극하며, 손목의 방울로 기억력을 테스트해서 반응을 살펴보셔요. 조부모에게 저를 맡겨야 한다면 항상 괜찮아요. 짧은 시간 함께라면 엄마 양육의 질을 높여야 되니까 제게 맞도록 연구하시는 게 좋아요.

낯가리는 아이를 억지로 다른 사람에게 들이밀지 말아야 됩니다. 아이가 놀라거든요. 아기가 무엇에 관심 있어 하는지 면밀하게 살펴봐야 되고, 아이가 혼자 잘 논다고 너무 혼자 두지 마십시오. 자유롭게 기어 다닐 수 있도록 위험한 걸 치워서, 실컷 기게 해주셔야 전신이 튼튼하고 발달도 잘 돼요. 아기가 잠드는 시간을 정해주는 게 좋고, 혼자 욕조에 앉을 수 있으면 장난감을 쥐어줘 놀게 해요. 까꿍 놀이를 해야 지능발달이 더 되고, 얼굴을 가지고 놀아야 센스가 빨라지며, 그러면 애착이 시작 될 텐데 찰떡처럼 서로 붙는 게 좋아요.

이제 감각이 제법 발달했으니까 숨겨진 물건 찾기 놀이도 하고, 아기와 바구니에 공을 번갈아 넣다가 실수해서 감각 개발을 키워주기도 해요. 손가락으로 멀리 떨어져 있는 장난감을 가리켜보아 감각을 확대시킬 수도 있어요. 책을 장난감처럼 갖고 놀지 않게 하시고, 아들에게 딸의 감수성을 기대하거나 그 반대도 하지 마십시오. 무엇이든 따라할 수 있게 기회를 주고, 숟가락을 떨어뜨려도 야단치지 마시고 그걸 반복하게 해요.

돌 후에는 외출 때 아기에게 꼭 행선지를 이야기해줘야 되고, 아기가 눈치를 보면 바람직한 메시지를 주세요. 어른에게 말하듯 복잡하게 말해도 좋고, 아이가 엄살을 부린다면 이유를 확인해서 장황하게 설명해도 괜찮아요. 모래를 만지고 놀게 해주면 아주 정교한 감각이 살아나고, 여러 가지 자연물에 노출시키면 정서가 더 풍요해져요. 엄마가 좋아하는 음식을 알려주고, 말을 시작하니 많이 들려줘야 시냅스가 더 생겨요.

두 돌만 지나도 아이가 부끄러워하면 프라이버시 지켜줘야 좋아요. 친구와 못 어울린다고 걱정 마시고, 아이 놀이에 주도적으로 참여하지 마시고 제발 어른이 다 해버리지 마셔요. 단순 암기와 반복 경험의 차이를 적용해야 되는데 반복해야 신경세포가 더 튼튼해지고 확실해져요. 그게 나중에 창조력이 되거든요. 혹시 깨무는 습관이 있으면 관찰해서 고쳐주셔야 돼요. 그리고 두 돌이 지나면 개인 공간을 확보해주는 게 좋아요.

강열한 색은 쉽게 익혀진다

사람의 감성이나 인품의 바탕이 이때 생기기 시작하니까 가능한 한 넓고 깊게 많은 것을 경험하게 하는 것이 좋아요. 반복하고, 칭찬과 보상도 하며, 모방 기회를 많이 줘요. 자율성을 강화하고 수치심에 상처 안 받게 하셔야 되며, 다루기 힘든 아기는 좀 더 부드럽게 포용해야 될 겁니다. 많이 꼭 앉는 포옹 자주하고, 못 알아들어도 이야기를 많이 해줘야 잘 통하기도 하지만 인생에 깊이가 있습니다. 손발운동을 많이 시키는 것은 절대로 필요하니까 움직이고 만지는 기회가 많아야 더 좋습니다.

4-6세 유아기

엄마 아빠 이솝우화에 이런 얘기가 있대요

　〈늙어서 사냥할 힘이 없어진 사자가 기발한 생각을 했다. 스스로 병든 것처럼 동굴 속에 누워 있다가 다른 짐승이 가까이 오면 잡아먹곤 하겠다는... 시간이 지나 숲속 짐승들이 하나둘 없어지니 역시 꾀 많은 여우가 가장먼저 눈치를 챘다. 이윽고 여우가 동굴에서 좀 떨어진 거리에서 사자에게 안부를 물었다. 요즘 어떻습니까? 별로 좋지 않아. 이리 와서 얘기나 하면서 놀지? 저도 사실은 가고 싶어요. 그럼 얼른 와! 그런데 제가 보니까 "들어간 발자국은 많은데 나온 발자국이 하나도 없는데요?"〉

　이런 경우 "그놈 참 영리하다. 머리가 좋다. 아주 분석적이네!" 할 겁니다. 이런 분석적인 머리는 바로 좌뇌 영역인데, 대체로 분석하고 계산하고 비교하여 판단하며, 설계하고 논리화하며 체계화를 잘 한다고 해요.

　만약에 순 우뇌로만 위의 상황을 보았으면 홀로 외롭게 있는 사자가 불쌍해서 다정한 친구가 되어주려고 생각 없이 동굴로 들어갔을지도 몰라요. 물론 그런 동정심이 잘못은 아니고, 그럴만한 가치가 있다면 자신의 생명을 걸고라도 동굴에 들어가 도움을 주는 것이 좋겠지요. 그러나 이 경우에는 정말로 그냥 사자의 밥이 되고 마니 여우가 매우 지혜로웠어요.

　아이들이 4살이 넘으면 우선 말을 잘 안 듣는다고 하지요. 고분고분 하지 않는단 말이지요. 이시기의 아이들은 때로는 제멋대로

며 청개구리 노릇을 할 때도 있는데, 자유의사가 발동하는 시기라 그래요. 이때가 바로 자신의 의지나 이성 또는 논리적 분석적 머리가 발달하는 단계래요.

갑자기 아이가 불량스러워진 게 아니라 아주 정상적으로 뇌가 발달하는 현상입니다. 그러니 엄마나 아빠의 말을 잘 안 듣고 제 맘대로 한다고 아이를 구박하거나 아예 말썽쟁이로 여기지 말아야 돼요. 사람이 반드시 해야 할 논리적 분석적 사고를 하면서, 남과 다른 생각을 하거든요.

초등학교에 들어가기 전까지 이 현상은 계속된대요. 이를 보고 부모는 오히려 다행스럽게 생각해야 된답니다. 드디어 우리 아이가 자유의지를 행사하고, 남 다른 생각을 하며, 논리적 분석적 사고를 한다고 환영해야 하고, 정상으로 자라니 안심해도 된단 말입니다.

이때 또 두드러진 현상이 줄기차게 질문을 한다는 것이지요. 끈질기게 "왜"라는 의문을 가져요. 왜 어두워? 해가 어디 갔어? 엄마는 왜 수염이 없어? 아기는 어디서 가져와? 이 꽃은 왜 빨개? 등 끝이 없어요. 부모는 아무리 귀찮아도 이런 끈질긴 질문에 다 대답

오리새끼는 더 귀여워

을 해줘야 돼요. 모르면 사전을 찾거나 물어서라도 대답을 해주어야 하고, 그것도 안 되면 확인해줄 것을 약속해야 된대요. 질문하는 아이에게 면박을 주거나 무시하면 아이의 좌뇌발달이 안 되는 것은 물론 호기심이나 도전성도 안 생긴대요.

엄마, 곰이 왜 혼자 있어?

이때는 분석적 머리가 극히 활성적으로 개발되기 때문에 어떤 질문이라도 답을 해주는 것이 좋고, 오히려 질문을 만들어 묻고 더 적극적으로 의문을 갖게 하는 것이 좋답니다. 그래야 뇌신경이 더 왕성하게 성장하고 개발되어 점점 더 똑똑한 사람이 되도록 도와주는 겁니다.

이 단계는 합리적 사고가 시작 되어 활동, 호기심, 탐색 등으로 세상으로 돌진하기와, 두려움이나 죄책감으로 주저하기에서 갈등이 생겨요. 그래서 이때는 활력과 활동수준이 높고, 주도성 발달이 시작되어 목표설정도 하고, 목적에 따라 활동하기도 해요. 적극적이고 넘치는 에너지로 새롭게 발달되는 주도성을 부모가 억제하거나 처벌하면 죄책감도 생기지만, 좌절하여 주도성과 도전성이 사라지기도 해요.

안전이나 위생 또는 윤리 도덕에 잘못이 없는 한 스스로 하는 경험을 시키는 것이 동기형성에 좋습니다. 급격한 언어발달, 상징적

외국인과 나 사이는 서로 같은 처지

사고능력 증가, 논리적 조작은 가능하지만 높지는 않으며, 자기중심적 사고, 사물이나 짐승을 사람처럼 보기, 직관적 사고 등이 왕성한 때입니다. 아이들이 뽀로로나 헬로 카봇 등을 좋아하는 것도 그런 현상이지요.

유아들의 행동은 극히 정서적이기 때문에 정서의 움직임과 지각경험에 따라 강하게 영향 받으므로, 이 시기부터 정서분화가 활발하게 나타나요. 유아의 사고는 제법 구체적이므로 행동과 분리하여 생각할 수는 없어요.

유아의 사고나 행동은 사회성 발달이 낮아서, 자아에 대한 판단이 충분치 못하므로 자기중심적입니다. 유아기의 신체발달은 지능과 언어, 정서, 사회성 및 성격발달의 근원이므로 건강유지가 절대우선입니다. 어느 한부분의 신체적 결함으로 열등감을 가지면, 정신발달에 지장이 될 수 있어요.

건강하고 안전하게 다양하게 잘 노는 아이가 최고

신장은 연평균 6cm이상의 증가로 6세가 되면 출생 당시의 약 2배나 되며, 근육의 발달도 계속 증가해서, 대근육 발달에 따른 운동기능이 향상되고, 소근육 발달에 따른 운동기능 향상으로 5세 때는 작은 조각퍼즐, 작은 버튼, 지퍼 등을 다룰 수도 있습니다.

감정 발달은 동작, 인지, 언어와 밀접하게 상호작용을 하면서 뇌 발달 전반에 영향을 미칩니다. 만 5세까지의 감정 발달은 인지 발달뿐 아니라 사회성 발달, 학교생활 적응, 관계 성공 등에 장기적으로 중대한 영향을 미쳐요. 영유아기와 아동기뿐 아니라 성인이 된 후에도 감정 발달은 안정적 관계형성, 친밀감형성, 지속적 우정, 효과적 부모역할, 직업적 안정과 성공, 사회 공헌 등에 중추적인 기반이 됩니다.

세상이 어떻게 구분되는지 알려주되, 스마트 기기는 최대한 멀리하고, 친구를 때리면 먼저 이유 확인 후 대처하는 것이 좋고, 친

자연경험 많이 해야(고양 화정동 산의 지석묘 : 고인돌)

구에게 맞고 왔을 때는 부모가 적극 개입하되 역성이 아니라 합리적 대응이라야 된답니다. 엄마 아빠가 복잡한 감정을 읽는 탐정이 되어야 좋대요. 친구와 함께 놀게 하고, 동물원에도 데리고 가며, 함께 사진첩을 보며 추억을 공유하고, 숫자 게임을 시작하는 것도 좋대요.

친구와 나누는 즐거움을 맛보게 하고, 자기 효능 감을 느끼게 하며, 실패를 두려워하지 않고 도전하게 해요. 거짓말은 배경을 찾아 해결해야 하고, 책상과 의자를 준비해주며, 혼잣말을 하고 혼자서도 놀게 돼야 해요. 가상놀이를 통해 두려움을 조절하게 하고, 한 식탁에서 함께 먹어요. 옷 갈아입기 대소변 가리기 연습도 해야죠. 욕구지연이나 억제 경험도 하고, 칭찬도 많이 하는 게 훨씬 좋아요.

7-9세 유년기

이 시기가 아이의 근면성에 결정적이랍니다. 학교가 시작되는 시기라 한국에서 가장 인정받는 성적 높이는 기능과, 사람들과 잘 지내는 기능을 익혀야 돼요. 이 과정에서 성공경험을 하면 열심히 하고 도전하는 사람이 되지만, 성적과 친구관계에서 실패하면 자신이 무능하다고 느끼는 무력감과 열등감이 생기게 돼요.

유치원까지는 강제가 없지만 학교는 지켜야 할 규칙이 있고, 경쟁이 있으며, 성적을 올려야 되는 의무도 있는데다, 친구관계도 있으니까 사방의 부담을 느낄 겁니다. 마치 사각의 링에 올라간 권투경기와 유사하게, 성공하면 신나고, 제대로 안 되면 학교도 싫고, 살기도 싫어질 수 있겠지요.

이 4가지를 별것도 아니게 잘 감당하는 아이는 학교와 인생에 다 재미있고 의미도 있으며 도전할 만도 해요. 규칙준수 필수적이고, 성적도 기본의무라 무시할 수는 없지만, 그래도 전부는 아니니 별도로 할 수 있어요. 경쟁도 그냥 넘길 수도 있고요. 그러나 친구관계는 가능한 한 좋아야 되므로 이것만은 성공해야 되겠지요.

그런데 앞의 세 가지가 다 잘 되면 친구관계에도 영향을 미치니까 좀 더 쉬워지지만, 안 그러면 더 악화시킬 수도 있으니 일단은 각각에 의미와 가치를 정해두고 부모가 도와야 될 것입니다. 부모가 아이의 자율성을 존중하고 과잉보호 하지 않으면서 보살펴야 돼요.

아이가 자신감을 가지고 스스로 자신의 세계에 잘 대응할 수 없으면, 초기에 조절해야 좋아요. 규정 지키고 교우관계 좋으면 성적과 다른 경쟁은 무시해도 학교 적응이나 삶에 큰 지장은 없으니,

신나게 지내도록 도와줘야 됩니다. 제발 여기서 자존심이 상하고 수치감을 갖거나 열등감이 안 생기도록, 각각의 의미와 기준을 명확히 이해하고 대응해야 해요.

부모가 아이의 행동을 칭찬하면 아이의 자존심은 올라가고 자긍심이 발달하지만, 부모의 과잉반응이나 아이의 자기조절 실패는 아이에게 의심과 부끄러움이 생기게 해서, 전체를 그르칠 수 있으므로, 잘 하는 것과 좋은 것은 강하게 살리고, 좀 모자라는 것은 보충하거나 버리는 식으로 하면 자신의 강점이 약점을 덮고 남아 결국 승리하는 삶이 돼요.

이 1,2,3학년을 잘 보내면 그 다음은 요령이 생겨서 거의 스스로 알아서 잘 해요. 여기서 반드시 확인해야 할 것이 학교는 공식적 강제성이 있는 집단이므로, 사회생활 실습장이래요. 이 매뉴얼의 저자는 아이들을 학교에 보내기 전에 학교에 가는 목적을 익히고 갔고 그것을 실천했대요.

학교에 가는 목적은 "모르는 것을 배운다. 친구를 사귄다. 공동생활을 익힌다."랍니다. 여기서 친구를 사귄다와 공동생활을 익히는 것은 순전히 사회생활을 원활하게 하도록 돕는 것이지요. 정해진 규칙을 지키면서 그 집단에서 해야 할 기여도 해야 되니까, 공동생활하기를 잘 해야 사회도 좋지만 어디에서도 적응을 잘 할 수 있어서 좋거든요.

원래 학교는 가정에서 배울 수 없는 것을 가르치는 곳이니까 모르는 것을 배우는 것은 너무나 당연하죠. 이것은 선생님이 알려주는 대로 알면 되고, 책을 통해서 보충하며, 시험에 제대로 통과하면 그 과목이 무엇이든 일단 학교에서는 다 한 것이지요. 그런데 경쟁

자신의 강점 강화가 유리. 단 호박은 작아도 좋아

이란 것이 있어서 좀 부담스럽죠? 그러나 경쟁은 성적이든 무엇이든 안 하면 되고, 또 거기에다 별 의미 안 두면 져도 되고 꼴찌를 해도 되니까 굳이 스트레스 받을 필요가 없잖아요. 그래야 아이들이 다 말썽 없이 학교를 잘 마친대요.

경쟁과 관련해서는 꼭 재고해야 할 것이 있답니다. 교우관계, 학교생활, 수업태도 어느 하나 나무랄 것이 없는데, 반에서 석차가 안 오르면 이상하겠지요. 담임 선생님이 도저히 이해가 안 되어 머리를 저을 거고요. 이 때 부모가 학교성적을 강조하지 않지만 다른 것이 모범이라고 확신이 오면, 성적경쟁에서는 졌지만 다른 것은 다 이겼다는 증거가 돼요.

그런데 공동생활을 익힌다는 것 때문에, 저자의 아이들은 교실의 조개탄 난로 당번을 여러 번 했고, 중학교 때는 규율부장도 했으며, 고등학교 때는 "아빠, 우리는 나쁜 짓 하래도 못해요. 체질이 안 되었는데요!"하더라는 겁니다. 물론 그 후로도 줄곧 교우관계도 좋앉고요.

하여간 유년기는 공식적인 사회생활 시작이므로 이 때 기초를 잘 놓아주면 그 후는 정말로 저절로 잘 간답니다. 또 저자는 맏이가 초등학교 1학년을 끝내고, 담임 선생님을 초대하여 저녁 식사대접을 하고 케이크를 선물하셨다는 군요.

왜 학기 초나 중간이 아니고 끝난 뒤에 찾았느냐는 선생님의 질문에, "그렇게 되면 불공정 게임이 될까봐 그랬다"고 했대요. 그리고 아무 것도 모르는 애들을 1년간 사회생활의 기초를 잘 익혀주셔서 정말로 감사하다는 생각이 많았답니다. 그리고 학기 중에 교장 선생님께 편지를 보냈대요. 입학식과 처음 며칠 학교에 가서 1학년 선생님들이 하시는 여러 가지를 보니, 너무나 고마워서 "교장 선생님, 정말 철부지들 모아서 저렇게 사람 만들어주시니 참 감사합니다!"는 손 글씨 편지를 보냈더니, 오히려 교장선생님이 더 감사하시더라고 했어요.

규칙 지켜 질서 유지 기본

초등 첫 3년은 읽기 쓰기 및 사회인 기본을 다지는 때입니다. 초등기간 동안은 실생활에 필요한 모든 지능을 익히고, 올바른 인간관과 가치관, 그리고 건전한 국가관을 세우는 등의 건강한 정체성을 확립하게 해요. 그리고 국어의 "글로 하는 의사소통"이 자유자재로 가능하게 익혀요. 친구와 공동생활, 관계 맺기와 유지의 기본도 완성해야 하고요.

6세 이후에는 두정엽과 측두엽이 발달하고, 두정엽은 공간 입체적인 사고기능을 담당하며, 측두엽은 언어, 청각기능을 담당하므로 이때 언어교육과 수학 교육을 시키면 효과적이지요. 이 시기는 언어기능의 뇌가 집중적으로 발달하기 때문에 조금만 자극을 줘도 쉽게 이해하고 재미있어 해요. 따라서 이 때 세계명작을 재미있게, 많이 읽을 수 있게 해주는 것이 좋죠.

수학교육은 여러 원리를 이용하는 문제를 실험이나 관찰을 통해 시간을 두고 해결하게 하면 뇌의 많은 부분이 활동해 두뇌발달에 그만큼 효과가 있어요. 퍼즐 게임, 도형 맞추기, 관련 숫자 및 언어 맞추기 등과 같은 입체 공간적 사고를 발달시키는 학습은 연상과 추론을 요하기 때문에 수학적 두뇌발달에 매우 좋아요.

그러나 6세부터 언어교육과 수학교육을 하면 좋다는 말만 기억하여 한글, 영어, 쓰기 등을 한꺼번에 과도하게 시작하거나 단순 문제풀이 위주의 학습지들을 반복하는 것은 금물입니다. 아이의 발달 속도나 정보습득 능력은 개인차가 있기 때문에 지속적인 관찰로 적절한 타이밍을 찾고 그때 흥미로 접근하여 학습을 시작하는 것이 가장 좋아요.

10-12세 소년기

소년기에는 "나는 누구며 무엇을 해야 하는가?"라는 가장 근본적이고 어려운 문제로 고민을 시작하기도 해요. 청소년이 되기 전에 자신의 분야나 사명감 같은 정체감의 바탕을 결정하는 시기입니다. 가장 중요한 발달과업은 자아정체감을 어느 정도 확립한 후 청소년이 끝나면서 완성되도록 해야 좋아요. 청소년기로 옮겨가는 과도기이며, 급격한 신체적 변화와 성적 성숙이 이루어지고, 진학, 전공 선택, 이성 등 수많은 선택과 결정을 해야 하는 시기여서 정체감의 위기도 함께 겪게 됩니다.

성인기 이전 단계로, 바람직한 사회생활 준비로, 타인과의 관계에서 친밀감을 이루는 게 중요한 발달과업이며, 또래 의식이 제법 생겨 경우에 따라 친구의 말을 가장 신뢰하기도 해요. 타인을 이해하고 깊이 공감을 나누는 수용력에서 친밀한 관계가 발달하는 면은 좋지요. 상호신뢰와 애정을 바탕으로 우리라는 상호의존성도 발달시켜요. 친구와 놀고 친구 집에 가며, 친구 집에서 자고

반드시 공정 게임이어야!

오기를 좋아하지요.

　친밀한 관계나 정체감을 확립하지 못한 사람은 대인관계에서 위축되는 경향이 있는데 이것은 고립감을 낳아서, 외톨이가 되기도 하고 그래서 왕따도 생겨요. 성적 욕구가 억압되어 있는 비교적 평온한 시기라 다행이지만 경우에 따라 조숙한 아이들은 다른 문제를 일으키기도 합니다.

　학교교육을 통해 상당한 수준의 지식을 광범하게 습득하고, 사회생활에 필요한 기술을 다양하게 습득하는 기회도 됩니다. 동성친구와의 강한 사회적 유대를 형성하여, 기본적 사회성과 기술을 배우고 다른 사람과 함께 일하는 것을 배우기도 합니다. 이 때 인생 전체를 리드할 수 있는 가치관과 지혜의 바탕을 바르고 튼튼하게 하며, 확고한 자신의 정체성을 다지면 그 후로는 다 스스로 하는 기간이 탁 트이게 됩니다.

　초등 4,5,6 3년간은 소년기로 타고난 자기 분야를 확정하고, 사회적인 사람을 완성시키는 기간입니다. 여기까지 정서적으로 안정감을 가지고, 주위와 관계가 원활하면서, 많이 잘 놀고 왔으면, 자신이 어떤 분야의 것을 잘 하는 사

소년기에 소녀상을 바로 알려 국가관을 심어야

람으로 났는지 알 수 있어요. 빠르면 4학년, 늦어도 6학년이면 자신의 전문분야를 알 수 있어요. 잘 모르면 검사 도구를 사용해서라도 확인해서, 중학교부터는 자기분야에 매진해야 바람직해요.

일생 사용할 일상적 어휘습득을 끝내야 해요. 초등 2년부터는 매년 위인전기나 양서를 꾸준히 읽으면 어휘력과 가치관과 사고력 형성에 절대적인 영향을 미치니까 다 형성될 겁니다. 특히 이 기간이 뇌 과학이 말하는 결정적 시기라서, 인생의 기초를 다 제대로 다져야 돼요. 국어는 쓰기 수준이 완성되어야 하고, 사용할 외국어는 말하는 수준이면 족해요.

우주가 내게 준 재능은 무엇일까?

이 기간에 가장 중요한 것이 가장 잘 하는 자기 분야를 찾는 것입니다. 스스로 찾아낼 수도 있고 부모가 관찰해서 알 수도 있을 거예요. 태어나서도 10년간이나 함께 살았으면 그를 관찰해서 그의 전문 분야나 가장 뛰어난 재능이 무엇인지 알 수 있습니다. 이미 임신 전에 생각으로 설계를 했고, 태중에서도 그렇게 자라도록 조치했으며, 생후 줄곧 그렇게 생각하고 대응했다면 그는 벌써 자신의 분야를 확실하게 정할 수 있습니다. 또 11년간이나

부모보다 친구를 따르기도

그 아이의 장래 모습을 구체적으로 그리면서 왔는데 그 모습이 안 드러날 수 없죠. 어떻든 생후 관찰만으로도 충분히 알 수 있어요.

"나(너)는 무엇을 잘 하도록 태어났을까?"라는 질문을 진지하게 해보고 확실한 답을 찾아야 하는 3년입니다. 지구에는 약 70억의 사람이 살지만, 얼굴, 성품, 재능 등이 똑 같은 사람은 아무도 없습니다. 이는 영원히 그럴 것이며, 누구에게나 특별히 남달리 잘 하는 것이 있습니다. 그것을 타고난 소질 또는 천부적 자질이라고 하며, 축구천재, 음악천재, 수학천재, 문학천재 등으로 불러요.

한 사람이 여러 가지를 잘 하는 경우도 종종 있지만 대체로 한 가지에서 남보다 탁월한 경우가 더 많아요. 왜 사람은 생김새도 다르고 각각 잘 하는 것도 서로 다를까요? 세상을 아름답게 하려면 다양한 재능이 필요해서, 모든 사람에게 한 가지 재능을 주어서 세상에 보냈답니다. 사람들은 서로 다른 재능을 통해 세상에 기여하고 기쁨을 누릴 수 있대요.

세상에는 이미 5만 가지가 넘는 직업이 있지만, 앞으로 이 종류는 점점 더 늘어난대요. 물론 없어지는 것도 있지만 새로 생기는 것이 더 많답니다. 실제로 국제공항 하나에도 수만이 넘는 사람이 필요하잖아요. 물론 그 중에는 같은 일을 하는 사람도 있지만, 일의 종류가 정말 많아요. 우주 여행이 일상화 되면 거기에

자신 재능 일찍 찾아야

재능 찾기 노력해야

는 훨씬 더 많은 종류의 일이 필요할 겁니다.

나는 무엇으로 세상을 살기 좋게 하는데 기여할 수 있을까요? 누구나 자라면서 저절로 알게 되겠지만, 두드러지지 않거나 일찍 나타나지 않을 때는, 도구를 사용해서 어떤 분야를 잘 하는지 찾아야 돼요. 가드너라는 사람이 다중지능을 평가하는 도구를 만들었고, 여러 곳에서 상당히 정교하게 검사해서 전문분야와 미래의 직업까지 안내해주며, 무료로 검사하고 친절하게 상담해주는 곳도 있으니 쉽게 도움을 받을 수 있어요. 대략 다음과 같이 간략하게 구분할 수도 있어요.

언어지능

말을 잘 하거나 글을 잘 쓰는 능력으로 언어를 이해하는 능력입니다. 소리를 들어 알고, 말의 구조를 파악하며, 단어의 뜻을 알고, 실용적으로 말이나 글을 활용하는 능력이지요.

논리수학지능

사물에 대한 이해력을 발휘하고 사물 사이의 논리적 계열성을 이해하며, 유사성과 차이점을 측정하고 판단하는 능력으로, 분류하

거나, 패턴 인식, 조직화, 추상적
추론 등을 위한 지능입니다.

공간지능

색, 형태, 구조에 관련된 지
능으로 명확하게 사물을 구분하
고 알아내는 능력입니다. 공간에
서 사물을 조정하는 능력, 상상력
을 이용하여 변화시키는 능력, 공
간을 효과적으로 활용하는 능력

재능 찾기 노력해야

및 사물을 2차원 3차원 공간에 사용하는 능력, 사물을 시각화하는
재능이랍니다.

신체운동지능

신체부위를 조절하는 능력과 사물을 능숙하게 다루는 능력으
로 공연, 춤, 신체운동으로 나타나고 육체적 적응능력이 가장 주요
기능이래요. 이 지능은 신체의 운동을 통제하고 조절하고 신체적 지
각능력을 민감하게 하고 신체와 정신의 결합, 모방 능력을 기르고
신체기능을 향상시키는 능력이랍니다.

음악지능

음조, 리듬, 박자, 음색을 인식하고, 주변의 소리나 음악에 반
응하는 능력인데, 멜로디와 화음을 창조하고, 소리에 민감히 반응하
여 이를 따라하고, 음악을 듣거나 연구하기 위한 도구를 사용하며,

음악 구조를 이해하는 능력이래요.

대인관계지능

다른 사람의 기분, 성향, 의지, 기질, 동기, 욕구 등을 파악해서 그에 따라 민감하고 적절하게 반응을 보이며 행동하는 감각이 있는 사람의 지능이지요. 언어적, 비언어적 의사소통으로 나타나기도 하고, 남들과 잘 어울리고 설득을 잘하며 남을 감동시키는 지능이지요.

자기이해지능

자아를 이해하는 능력으로 자기 내부에서 진행되는 변화 같은 것을 감지하고 자신의 기분이나 생각, 느낌 같은 것을 분별하여 자신의 행동을 조절하고 일상생활에서 효과적으로 생활하는 능력이며 객관적이고 냉정한 자기분석 능력도 있대요.

탁월한 공간지능

자연탐구지능

사물을 구별하고 분류하는 능력과 환경의 특징을 사용하는 능력이며, 분별-대처 기능으로 사물을 분별하고 그 사물과 인간과의 관계를 설정하는 분별-대처 능력이 탁월하답니다.

어떤 일을 하든지 그 일을 잘 하기 위해서는 반드시 필요한 재능(역량)을 갖춰야 돼요. 그래서 우리는 다 서로 다른 재능을 가지고 태어났어요. 어른이 될 때까지 자신의 것을 가능한 한 더 잘 할 수 있도록 연습하여, 그 분야의 전문가가 되어 남을 돕고 나누어 줄 수 있어야 되고요.

사람의 성장 과정은 자신이 타고난 것을 더 잘 하도록 연습하는 과정이랍니다. 그래야 자신의 재능을 충분히 발휘하면서 보람과 만족을 가질 수 있기 때문이래요. 성적과 무관하게 모든 이는 어떤 부분에든 천재래요.

자기이해도 능력

국영수, 분석, 평가, 설계, 구조화 등을 잘 하는 사람도 있고, 예체능, 창조, 다른 사람 배려 등을 잘 하는 사람도 있지요. 수학 잘 하는 사람도 천재지만 발레 잘 하는 사람도 천재이고, 사람들과 잘 어울리는 사람도 모두 천재라고요. 그런데 미래는 창조사회이기 때문에 우뇌 형이 훨씬 더 유리하답니다. 사람은 창조하고 로봇은 창조한 것을 이루는 작업을 하기 때문이래요.

창조하지 않으면 지루해서 살기가 어려울 거래요.

종 합

사람의 삶은 나서 자란 후 성숙되고 노화 되며, 결국 죽음이라고 볼 수 있지만, 그냥 소멸이 아니라, 계속 더 세련되고 가치를 더 높여가는 과정으로 보아야 됩니다. 일단 그게 생명의 특성이며, 반드시 성장하고 발달해서 다음 세대에는 더 나아지게 해야 바람직하다고 합니다.

사람이 죽으면 끝이 아니라 몸은 후손의 외형을 마음은 후손의 본능과 사람의 원형을 전수한대요. 그래서 일생 자신의 가치를 몸과 마음 양면에서 계속 향상시키는 것이 바른 삶이라고 해요. 특히 최근의 신경과학이 밝힌 바로는, 어른들도 훈련과 연습을 계속하면, 뇌세포 생성은 물론 여러 가지 기술들을 크게 향상시킬 수 있답니다.

사람의 성장과 발달은 그가 타고난 것과 그의 성장과 생활환경

이 집을 지은 사람도 천재

에 따라 많이 다르기 때문에, 딱 하나의 정답이 없어서, 한 학문만 이 아니라, 여러 분야 즉 인류학, 역사학, 가정학, 심리학, 사회학, 물리학, 생물학, 신경과학, 후성유전학 등을 종합해, 각각에게 맞는 좋은 답을 찾을 수 있대요.

의학의 경우도 요즘은 치료의학보다 예방의학이 더 중요하고, 의사들은 질병치료가 아니라 건강증진을 집중 연구하고 대응해야 된대요. 그 한 예가 유전자와 후성유전학으로 개인 맞춤 의약시대를 열려는 것이지요. 모든 부모들은 아이가 타고난 특성에 맞고 미래의 환경에 잘 적응할 수 있도록 아이의 자람을 도와주는 것이 가장 좋다고 봐요.

아이가 난 후 만12년간 만 잘 도와주면 그 다음에는 스스로 다 자신의 것을 결정하여 행동할 수 있게 됩니다. 각 시기에 맞는 도움과 자극이 필요하나 근본적으로 반드시 고수해야 할 것은 "반드시 사람이 먼저 되고 타고난 대로 잘 자라게 도와주라!"는 것입니다.

타고난 재능만으로는 이 집 못 지어

13년 반의 윤곽 그대로, 임신 전부터 13년 6개월 동안 부모가 함께 살아요. 아이들에게 말로 시키는 게 아니라 부모가 삶을 보여 줘요. 초등학교까지 부모의 삶을 보면, 그 후에는 그대로 자신의 길과 사명을 찾아, 더욱 풍요로운 삶을 누릴 수 있어요. 청소년이 되면 부모가 영향을 미칠 수 있는 여지가 거의 없어요. 그 전에 집중하고, 다음은 간접적인 지원으로 다 될 수 있어요. 이 시기가 지나면 순수하게 받아들이던 창이 거의 닫히고, 그 때까지 형성한 냉정하게 비판하는 창(커넥톰)을 통해서 받아들여요. 13년 6개월간, 병아리가 알을 깨고 나오도록 기다리는 것처럼 기다려야 될 때도 있고, "있을 때 잘해!"라는 말처럼 반드시 제때 필요한 도움을 주어야 할 때도 있지요. 13년 6개월간 부모의 필수 실천은 "보이지 않는 아이부터 탁월하게 만들고, 스스로 자라도록 기다리며, 필요할 때만 도움을 주면서, 함께 사는 것"입니다.

사람의 바람직한 모습은 뭔가요?

사람은 물리적으로 몸과 마음과 기로 되었다고 했는데요, 조금 더 범위를 넓혀 생명체보다 사회적 동물로 어떤 모습을 필수적으로 갖춰야 되지요? 인장에서는 그런 사람이 자라게 해야 되니까요. 그래서 사람이 갖춰야 할 기본 모습을 확정해야 되겠습니다.

사람의 기본이란 그냥 '생명'이란 면과, 만물의 영장인 '사람'이란 면에서 중요하고 절실한 것들을 확정하면 될 것 같아요. 생명체가 생존하기 위한 생명의 기본은 "질서정연한 배열 구조, 외부환경

밤을 심기 전. 나무가 자라는 동안 그려야 할 모습

꽃의 본질은 열매, 아름다움도 열매를 위한 것

에 맞게 내부 환경조절, 성장 발달, 에너지 흡수와 사용, 환경에 반응, 종족 번식"(윤치영, 고상균 역, 생명과학) 등이라고 했어요. 여기서 생존을 위한 적응과 번식과 쉼 없는 배움 등이 필수적인 것으로 대두되지요.

생명과학의 이런 주장이, 바이블에서 사람이 만들어진 후, 만물을 돌보는 사명이행을 위해, 그들이 복을 받아 생육하고 번성한다는 것과 일치하여 더 의미 있겠어요. 즉 반드시 성장 발달하고 환경에 적응하여, 지구를 지킴은 물론 만물이 원활하게 잘 살도록 돌봐야 된다는 거지요.

고상한 인간의 특성은 "이성, 영성, 도덕성, 자율성, 인격성, 공동체성"이라고 하더군요.(김상복, 잃어버린 왕좌) 사람이 가치를 인정받으려면 기본적으로 갖추어야 할 사항을 제대로 갖추고 실천해야 되는데, 기본이란 필수적인 것이며 다 본능에 해당해요.

누구든지 사람이라면 가장 우선적으로 이런 특성을 먼저 가져야 된단 말입니다. 아무리 똑똑하고 아무리 착하며 아무리 튼튼해도 위와 같은 기본 특성이 가장 먼저 충족되어야 사람으로 바람직하다고 합니다. 하나씩 좀 더 자세히 보면 다음과 같이 정리할 수 있습니다.

이성적 창조인 : 목마를 때 물, 배고플 때 밥

사람이라면 제일 먼저 이성이 탁월하답니다. 사람에게는 생각할 수 있는 능력, 혼자 추리하고 판단할 수 있는 능력이 있지요. 스스로 독특한 것을 고안하고 창조하며 만들어낼 수도 있고요. 창조할 수 없는 사람은 이성적 특성이 모자라고, 만약에 사람이 창조성이 없거나 이성적이 아니면 기본이 부족한 상태가 되므로 부모가 특별히 이런 것은 보여줘야 해요.

사람은 생각하기 때문에 남과 다른 것을 찾고 남보다 나은 것도 만들어 내며, 안 보이는 것을 찾아내고 만들어내기도 하지요. 이성적 존재라 다른 동물과 현저히 차이가 나요. 예를 들면, 새가 집을 짓는 것과 사람이 집을 짓는 경우의 차이인데요. 새는 50년 전이나 지금이 똑 같지만 사람은 5년 전과도 다르며, 지금의 집이 훨씬 더 나아요. 개가 사람의 발뒤꿈치를 물었다고 사람도 개의 발을 물수는 없는 것도 이성적 존재이기 때문이죠.

누가 유머에서, 사람이 개와 달리기를 하지 말라고 했대요. 왜냐하면, 개에게 지면 개보다 못한 놈, 비기면 개 같은 놈, 이겨도 개보다 나은 놈 밖에 안 되기 때문이래요. 이게 이성을 가진 사람의 판단이고 처신이지요.

사람이 사는 것은 지금 여기 또는 그때 거기에 적합한 행동을 하는 것이라고 할 수 있지요. 그 행동이 그 상황에 아주 적합하면 성공적이다, 또는 적응을 잘 한다고 할 겁니다. 그 행동결정은 지금 여러 감각기관을 통해 들어온 정보와, 기존의 기억을 합해서 몇 가

삶은 어울림

지 대안을 만들어 하나를 선택해서 하거나, 즉각적으로 하나만 결정해서 행동하거나 해요.

바람직한 행동을 결정하려면 기존기억내용이 바람직해야, 그것을 바탕으로 지금의 정보도 바로 받아들이고, 바로 해석해서 바른 판단을 하며, 바른 행동(반응)을 결정하게 되지요. 그러면 가장 중요한 것은 기존의 기억이라 할 수 있겠지요. 그 기억을 인격이나 인품이라고 해도 된대요.

그럼 일생동안 바른 판단을 해서 바른 행동을 하게 할 이 인품이나 인격은 언제 어떻게 형성되거나 형성하는 것이 가장 바람직할까요? 또 기억 또는 인격이나 인품은 사람의 무엇일까요? 그냥 단정적으로 말하면 우주가 보내준 마음이고, 거기에다 성장과정에서 형성된 기본 가치관이 합해진 것이라고 하면 될 것입니다.

그럼 결국 최종적으로 무엇이 바람직한 행동을 결정할까요? 한 마디로 사람의 뇌입니다. 뇌중에는 뭘까요? 일단 머리의 제일 앞

쪽에 있는 전전두엽이래요. 그럼 그 전전두엽은 무엇으로 되어 있을까요? 수 십 억 개의 신경세포로 되었어요. 그럼 그건 언제 어떻게 생길까요?

한 사람의 일생을 좌우하는 뇌신경세포(전두엽, 측두엽, 두정엽, 후두엽, 변연엽)는 태중에서 생기기 시작해서 생후 1년, 3년, 6년, 10-12년에 단계별로 거의 완성된다고 해요. 대부분의 신경세포는 태어날 때 형성되어 하나하나는 살아있는 생명체며, 독립된 세포이고 자기의 세계를 산대요.

자아가 요구하는 것과 신경세포가 요구하는 것은 다르며, 신경세포를 내가 원하는 대로 스스로 움직이게 만들어야 좋은데, 심층적 연습으로 대가가 되고 강박적 연습으로 천재가 되며(박문호), 신경세포는 지속적 연습으로 강도, 속도, 정확도도 높아지지만 내가 원하는 대로 움직여 준답니다.

이때 결정적인 역할을 하는 게 신경세포간의 연결점인 시냅스

뇌가 없어도 사람일까?

인데, 시냅스는 생후 8개월경이 가장 밀도가 높고, 그 후는 쓸모없는 것은 지우고 새 것을 생성시키는 과정을 계속한대요. 시냅스는 무조건 많다고 좋은 것이 아니라 쓸모가 없는 것은 에너지 절약을 위해 제거한답니다.

일반인과 대가와 천재는 연습이 구별할 뿐 하늘에서 뚝 떨어지는 게 아니며, 세상의 모든 기술은 일종의 기억이래요. 그래서 창의성도 피나는 노력과 연습으로, 신경세포가 요구하는 대로 움직이는 사람에게만 일어나는 사건이라고 할 만큼, 신경세포 발달에 달렸답니다.

창의성이란 하나의 신경세포와 다른 신경세포가 연결되어 만들어지는 현상이므로, 지속적인 자극으로 연결되고, 정보라는 전기적 충격 양의 강도와 속도와 정확도가(필요한 신경세포끼리의 연결)맞을 때 생긴대요.

필요한 신경세포에 필요한 축삭이 연결되는 것은 결국 훈련으로 가능하며, 수많은 신경들이 보내오는 엄청난 양의 정보들을 순서대로 받아들이는 것은 속도가 결정적인데, 속도의 조절은 신경계의 본질이고, 훈련으로 속도를 증진하는 것이 창의성 개발이라고 합니다. 천재가 된다는 것은 버티고 견디는 것이고, 뇌는 운동하기 위해 존재하며, 생각은 내면화된 운동이므로, 천재는 반복적이고 강박적인 훈련이라고 하더라고요.(박문호)

인간은 왜 생각에 파묻혀 살고 끊임없이 생각이 일어날까요? 미성숙하고 미완성된 뇌를 가지고 나서, 지속적인 학습이 일어나고, 변형 가능한 신경 시스템을 가지고 있기 때문에, 계속 더 바람직하

마음이 닿고 생각이 닿는 길

게 변해야 한대요. 전전두엽의 발달은 결국 반응을 선택하고 실행하는 것을 돕고요.

신경과학자들은 인간의 성공비밀은 "집중하는 힘을 늘리는 것"이래요. 그래서 전두엽 훈련을 해야 된답니다. 훈련을 하면 곁길로 잘 안 빠지고 느슨해지지도 않아요. 훈련만이 피질의 시냅스를 확장하고 아름답고 섬세한 감동을 전하며 사람을 공부하게 한 대요. 그런데 인생에 결정적이며 인생자체이기도 한 이 뉴런과 시냅스의 수 및 그 효율성은 언제 무엇이 형성할까요? 제발 목마를 때 물 주고, 배고플 때 밥 주래요!

아빠, 한국의 동요에 이런 게 있지요. "고향 땅이 여기서 얼마나 되나, 푸른 하늘 끝닿은 저기가 거긴가, 아카시아 흰 꽃이 바람에 날리니, 고향에도 지금쯤 뻐꾹새 울겠네!" 왜 사람들은 고향을 그리워할까요? 그건요, 어릴 때 고향에 있었던 10살 정도까지, 사람

의 일생에 쓰일 뇌세포와 그 연결망의 기본바탕이 형성되었기 때문이래요.(김대식)

어디 있어도 그 환경이 생각나고, 고향에만 가면 그렇게 마음이 편안하고 푸근하대요. 그것은 자신의 뇌신경을 형성해준 그 환경이라 그렇대요. 그 지역의 산이나 강, 옹기종기 집들, 들판이나 특별한 바위, 아카시아 향기, 뻐꾹새, 친구들과 함께 뛰놀던 놀이터와 운동장 등이 마치 도로망처럼 뇌신경을 깔았기 때문이래요. 이처럼 사람의 뇌신경과 그 연결망인 시냅스 형성은 대체로 생후 10,12세 정도까지가 아주 절정기래요.

그래서 이때를 두뇌의 결정적 시기라고 한답니다. 이때를 지나면 그렇게 왕성하지는 않다는 군요. 그래서 부모님들은 이 기간에 여러 가지 새로운 경험을 많이 시키는 것이 참 좋고, 특히 일생 변하지 않아야 할 가치관이나 윤리 도덕 등의 인성을 바로 형성시켜야

고향은 인생의 기반을 다져준 곳

된대요. 물론 일생 사용할 모국어와 외국어도 이 시기에 바로 잡아야 자연스럽데요.

조금씩의 차이는 있지만 뉴런의 고속 증식은 초등학교 입학 전까지인 유아기에 끝나게 된답니다. 사람의 뇌는 시냅스의 연결성을 바꿔가며 새로운 환경에 적응하면서 변화하는데, 생후에도 엄청난 수의 시냅스가 새로 형성되고 뉴런들이 밀접하게 연결되어요. 뇌의 세포지도는 생애의 주기에 따라 끊임없이 바뀌는데, 특히 유아기에 뇌가 집중적으로 발달해요.

뉴런의 탄생과 분화, 뇌에서의 뉴런의 이동, 신경섬유의 성장과 가지 뻗기, 시냅스 형성 등 뇌의 초기 발달의 주요 부분이 유전적 영향이 많지만, 생후 뇌가 만나는 환경요인은 뇌의 순발력과 다양한 창조성의 바탕이 될 시냅스 연결을 효율적으로 조율하는데 큰 영향을 미쳐요.

언어발달에 대한 최근의 연구도 초기의 신경활동이 뇌의 조직적 발달에 주는 영향이 결정적이라는 사실을 보여줘요. 어릴 때 외국어를 배우면, 모국어와 외국어가 뇌의 같은 영역에 기록되는데, 성인이 외국어를 배울 때는 모국어와 다른 영역에 기록된대요. 아이 때는 뇌의 같은 영역에 기록되니 더 자연스럽고 쉽게

사람의 뇌신경은 이렇게 단순하지 않다

어릴 때 휘었다

받아들여요. 이게 바로 초기 경험이 뇌 발달에 큰 영향을 준다는 증거잖아요.

사람의 경우 유아기의 결정적 시기는 유연한 학습기라, 뇌의 연결성에 대한 집중적인 발달이 이루어져, 보고 경험하는 모든 것들이 뇌의 사고, 언어 및 전체 기능을 결정짓게 된다고 해요. 이때는 인지 및 운동기능이 매우 빨리 습득되며, 이후의 학습과정에서는 그리 쉽게 터득되지 않으므로, 이 결정적 시기가 사람의 후천적인 지능을 좌우한다고도 하더라고요.

우리 속담에 "세 살 버릇 여든까지"란 말은, 어려서 배운 것이 그만큼 중요하다는 말이겠지요. 우리 조상님들은 다 탁월한 신경과학자 같아요. 현대 과학이 인간의 뇌 발달 과정을 추적해서, 사춘기 전의 자극과 경험이 일생의 인격과 사고방식에 결정적인 영향을 미친다고 밝혔거든요.

아기는 미완성의 뇌를 갖고 태어나지만, 나자마자 거의 완전하게 활동하는 다른 동물과 달리, 아기는 태어난 뒤에도 태중에서와 같은 속도로 뇌가 성장해서, 만 한 살이 되어야 아기의 뇌 성장 속도가 주춤해진답니다. 따라서 사람의 뇌는 유전자에 의해 자동으로 회로가 만들어지기보다는 태어난 후 환경자극에 의해 사회적으로 프로그래밍되는 비율이 훨씬 높다는데요. 사람은 뇌 성장에 환경영향이 훨씬 더 크다고 할 수 있어요.

침팬지나 포유류는 아기의 뇌가 어른 뇌의 45%정도 때 태어나는데 비해, 인간은 어른 뇌의 25% 정도에 태어난답니다. 직립보행으로 여성의 골반이 좁아진 반면, 진화

삶은 빈 뇌세포를 채우는 것

과정에서 인간의 뇌는 더 커졌기 때문에 조산할 수밖에 없게 되었다고 해요. 뉴런을 연결하는 시냅스는 3살이 될 때까지 일생을 통해서 가장 활발하게 만들어진다니 놀랍죠.

뇌의 시냅스밀도가 가장 높아지는 것은 10살쯤이고, 사춘기부터는 마치 정원의 가지치기처럼 줄어든답니다. 많이 쓰는 것은 강화되고 별로 안 쓰는 것은 솎아내어 뇌는 쓸모 있는 한 사람을 만든대요. 결국 살아남기 경쟁에서 생존하고 강화된 시냅스가 인격을 만들고 마음속에 독특한 감정 패턴이나 사고방식을 정착시키나봐요.

이제 유의해야 할 것은 가정과 학교에서 뇌 발달이 가장 활발한 유치원에서 초등학교까지 집중적으로 가능한 한 많은 시냅스 연결을 만들고 유지시키는 것입니다. 그러려면 자극을 먹고 자라는 뇌

가능한 한 다양한 자극을 많이 받아야

가 확 크도록 아이에게 풍부하고 다양한 상황과 환경적 자극을 가능한 한 많이 주기 바랍니다.

결정적 시기가 지났다고 해서 사람의 뇌가 불변상태나 퇴화로만 가는 게 아니라, 불필요한 가지와 시냅스를 솎아내는 작업을 하면서, 한편에서는 뇌세포들이 끊임없이 다른 세포들과의 연결을 시도해서 시냅스를 생성시키니까 늘 배울 수 있습니다.

다만 성장의 절정기를 지났기 때문에 덜 활발하지만, 집중하기 나름으로는 오히려 훨씬 더 확실하고 광범하게 새로운 시냅스를 생성하기도 해요. 기억이나 창조를 더 잘 하기도 하니까 절대 걱정 없어요.

영성이 가득해야

엄마 아빠는 영성이 풍부하신 것 같아요. 그러니까 갓 난 저와도 이렇게 재미있는 얘길 하지요. 영성이란 궁극적이고 비물질적 실재로, 참 자신을 알 수 있게 하고, 자신이 믿고 살아야 할 가장 기본 가치와 의미라고 합니다. 성공하는 사람들의 일곱 가지 습관에 이어 나온 책, 여덟 번째 습관은 사람의 정상적인 활동에서 가장 중요한 바탕이 영성이라고 했더군요.

건전한 사람은 신체, 지성, 감성, 영성이라는 4개의 사고체제를 가져서, 충족해야 할 기본욕구도 신체적 욕구, 정신적 욕구, 정서적 욕구, 영적 욕구라고 했어요. 사람은 일하는 동안에도 전인으로 대접 받아야 되는데, 신체적으로 먹고살 수 있고, 정상적 정신활동을 할 수 있으며, 정서적으로 안정감을 가질 수 있고, 영성이 풍부하고 영성의 발휘에도 편안해야 된대요. 그래야 생산성이나 일의 품질이 높고 사람들과 만족하게 지낸답니다.

또 사람은 4가지 지능(Intelligence)을 가졌는데, 신체적 지능과 정신적 지능과 감성(정서)적 지능 및 영적 지능이래요. 그리고 사람이 갖는 기본적 4가지 속성을 신체적, 정신적, 정서적, 영적 속성으로 들었으며, 신나는 삶을 살려면 이 4가지가 다 충족되고 잘 통합되어야 한다고 했고요.

영감을 받아야 탁월해

균형과 질서

　　그 넷이 바로 영성과 영성을 바탕으로 한 정서와 정신과 신체랍니다. 그래서 몸과 마음과 정신을 영성이 통제하거나 지원하고 있다는 거죠. 즉 몸과 마음과 정신이 제대로 기능하거나 건강하려면 영성이 건전하고 건강해야 된다는 의미입니다. 양자물리나 양자의학에서도 사람은 영적존재이기 때문에 영적인 것이나 영원한 것을 사모한다고 했어요. 참 나를 찾기 위해 주위의 모든 것을 사랑하여야 된다거나, 유능하고 탁월한 역량을 발휘하려면, 초 양자장이나 집합무의식에 연결되어야 된다는 주장 등은 다 사람의 영적인 면을 강조한 것이거든요.

　　이것은 심리학이나 다신론이 말하는 잡신이 아니라, 바이블도 말하는 전인격적인 영성이며 참 사랑이 그 바탕임을 의미하죠. 모든 것을 무조건 사랑하는 마음은 바로 우주의 마음이라고 해요. 사람의 마음이 우주에서 보내졌으니 참 나의 마음은 당연히 우주와 통하고 같은 마음이죠.

만능 키 갖기

일체유심조란 말이 있지요. 뜻은 "세상만사 마음먹기에 달렸다" 또는 "모든 것은 마음에서 결정하기 나름"이지요. 관련 일화가 있어요.

〈신라 때 유명한 고승 원효대사와 의상(義湘)이라는 분이 함께 당나라로 유학을 가다가, 날이 저물어 당항성이란 곳 어느 무덤 옆에서 잠을 잤다. 피곤해 곤히 주무시던 대사께서 잠결에 목이 말라 물을 찾다가 마침 하얀 사발에 든 물을 아주 시원하게 드시고 푹 주무셨다. 그런데 날이 밝아 일어나 둘러보니, 밤에 그렇게 시원하게 마셨던 물은, 하얀 사발이 아니라 사람의 해골에 담겨 있었다. 그러니까 잠결에 마신 물이 해골에 괸 물이었음을 알고 나니 당장 구역질이 나고 창자가 뒤집히는 것 같았다. 잠깐 다시 생각해보면 그 해골이나 거기 고인 물은 어제 밤이나 지금이나 똑 같은데, 즉 사물 자체에는 아무런 변화도 없는데, 마음에 따라 달라짐을 깨달았다. 그래서 크게 반성을 한 대사께서는 그 길로 유학을 포기하고 돌아왔

모든 것은 보이는 형태와 안 보이는 에너지로 구성

다고 한다.〉

세종의 생각. 혼천의

이런 현상을 양자물리는 "상보성(相補性)" 원리라고 해서, 똑 같은 현상에서도 내가 보는 대로, 내가 선택하는 대로 되는 것이 진리라고 합니다. 전자, 양성자, 중성자 등 소립자들의 입자와 파동에 관해 연구하는 양자물리학의 연구 결과입니다. 소립자의 입자(particle)는 물질 덩어리이고, 파동(wave)은 퍼져갈 수 있는 진동인데, 이 입자(물질)와 파동(에너지)은 전혀 다르지만, 소립자들은 한 순간에 입자도 되고 파동도 된다고 해요.

양자 전기역학이 이런 관계를 "상보적(相補的;서로 보충하는 관계인)구조"라고 했어요. 전자, 양성자, 중성자 등의 입자와 파동은 동전의 양면처럼 동시에 입자도 되고 파동도 되는 상보적구조라서 정말 변화무상하답니다.

그런데 양자물리는 사람의 뇌도 상보적 구조이며, 보이는 물질적 뇌와 안 보이는 파동의 뇌로 구분하여, 파동의 뇌를 "마음"이라고 합니다. 즉 마음은 뇌의 배후에 있는 안 보이는 파동에너지란 말입니다. 마음은 "파동에너지"이기 때문에 일정한 공간을 차지하여 정지할 수도 있지만, 시공간을 초월하여 이동할 수도 있대요. 따라서 마음은 몸 안은 물론, 몸 밖으로도 나가서 다른 사람, 동물, 식물, 물질 등에 영향을 미칠 수 있답니다.

그래서 이심전심(以心傳心)이란 말이 가능하고, 정원의 나무와 마당의 개와도 사람의 정이 통해요. 마음은 세포, 조직, 장기, 분자, 유전자에까지 영향을 미칠 수 있고요. 이런 근거가 바로 물질이 아닌 마음이 물질에 작용하는 것을 증명하는 것이며, 마음먹기에 따라 자신의 환경을 조작할 수도 있다는 증거가 되는 거죠.

빈 커피 잔을 들고 "이 잔으로 커피를 마실 때마다 맛도 더 좋고 마시는 사람이 건강해지도록 해주십시오!"라는 기도를 하고, 잔을 정성스럽게 싸서 미국에 있는 친구에게 보냈는데, 미국의 친구는 그 잔을 쓸 때마다 실제로 맛이 달라지는 경험을 한다고 했어요. 너무나 신기해서 분석을 의뢰했더니 그 잔에 커피를 부으면 노화방지 물질이 현저히 높아지는 것이 보였대요. 그래서 다른 잔에도 똑같이 기도했고, 더 여러 번 했더니 그 효과가 더 강력하게 나타나더랍니다. 그런데 더 놀라운 것은 1년 정도 그러고 나니, 전혀 기도하지 않은 그 방의 다른 잔에서도 같은 효과가 나타난 것이었습니다. 즉 그 방에 기도의 힘이 서려 있게 되었다는 의미 입니다. 이 믿기 어려운 현상은 스탠퍼드 대학의 양자물리학자 틸러 박사가 수많은 실험 결과로 얻은 것이랍니다.(김상운, 왓칭)

작가의 마음이 담긴 작품

지금은 양자의 전성시대라 마음이 생각하는 대로 이

루어진다는 것은 우리의 상식이죠. 꿈은 이루어진다는 말은 한국사람 모두가 2002년에 체험했잖아요. 그렇다면 과학적 증거가 무엇일까요? 양자물리의 주장은 모든 물질은 다 고유의 파동을 가지고 있고, 같은 파동은 서로 끌어당기고 다른 파동은 밀어낸대요. 파동이란 물질의 형체를 유지하는 입자와 같은 것이래요. 있는 자리를 알 수 있는 형체는 입자이고, 어디에 있는지 위치를 알 수 없는 에너지 덩어리로 영향만 미치는 것이 파동이죠.

원래는 우주 안에 있는 모든 것이 진공상태이고(파동이므로), 또 다 하나로 연결되어 있는데, 그 진공 안에서도 같은 파동이 모여서 특정 형태를 유지할 뿐이랍니다. 사람은 자신이 좋아하는 사람은 손을 잡고 가지만 자신과 파동이 다른 사람은 손이 닿으면 닭살이 돋지요. 이처럼 같은 파동은 서로 끌어당기는 성질이 있어서, 내가 생각하는 것을 밖으로 내 보내면, 생각과 같은 파동이 모여서 그 생각

에너지로 꽉 찬 공간

이 현실로 이루어진대요. 즉 보이지 않던 생각이 보이는 실체로 되는데, 이게 꿈이 이루어지는 과정입니다.

처음에는 아주 작아서 안 보이지만, 모이면 보이게 되죠. 미녀나 미남이 되는 것도, 보이지도 않던 정세포와 난세포가 만나서 딱 하나의 수정세포에서, 수 십 조개의 세포가 되니 눈으로 볼 수 있는 사람이 된 거고요. 이 복덩이, 만능 키, 도깨비 방망이를 사람을 키우는 人場에 적용하십시오! 그래서 건강하고 착하며 똑똑하고 재미 있되, 부지런하고 겸허하며, 우주에 딱 하나뿐인 창조적 천재를 만드셔요. 즉 우리 세대를 미리 정해두고, "말이 씨가 되게" 심어주십시오! 그리고 그 씨가 자라도록 정성만 들이면 그런 사람이 됩니다. 이를 바로 실행하는 사람이 바른 人場長이고, 그 실행내용이 바로 이 매뉴얼입니다. 이 매뉴얼을 실행하면 반드시 미리 설정해둔 사람이 될 것을 자연이 보증합니다.

사람 마음이 담긴 사과

도덕적 수준이 높아야 된다!

아빠, 사람의 도덕적 행동은 스스로 판단해서 선택하는 것이 아니라 타고난 것이래요. 아예 뇌 속에 기본기능으로 심어졌답니다. 남을 위한 행동을 결정하거나 도덕적 행동을 할 때, 활성화되는 뇌 부위는 "음식과 성에 반응하는 바로 그 부위"라는 것을 미국 국립 보건연구소 몰과 그래프만 박사가 뇌 영상연구에서 밝혔어요.(이정모)

봉사할 때 뇌 활동을 기능성 MRI로 촬영해보면 이기적 만족인 보상의 감정 부분이 활성화된다고 했어요.(강명신 역, 신이 절대로 답할 수 없는 몇 가지) 남을 위한 행동을 했는데 내가, 만족해진다는 것이 뇌의 혈액 흐름으로 증명된 것이지요. 안 보이던 것을 기술이 보여줘서 확실해졌어요. 우리는 봉사활동을 할 때 남을 위해 일한다고 생각하기 쉬워요. 그러나 그 때 뇌 속에 흐르는 피의 양을 촬영해보

집단이라야 더 아름답다

면, 순전히 자신을 위한 행동을 했을 때 피의 흐름이 많게 되는 부분에, 똑 같이 피의 흐름이 많게 보였다고 하니까 봉사도 자신을 위한 것이지요.

이것은 봉사활동을 하는 이타적 활동이 본래 자신을 위한 활동이란 말이고, 원래 뇌 속에 남을 위하거나 도덕적 행동을 하는 것이 천성으로 주어진 것이란 말입니다. 남을 도왔는데 그것이 오히려 자신에게 돌아오는 걸 보면 세상의 모든 것이 연결되었다는 것도 알 수 있어요.

또 사회생물학의 새로운 주장은 "집단적 사회성이 인류를 진화시켰다"고 해요. "가까운 혈연끼리 돕는" 친족선택론을 버리고, "생존 경쟁에서 협동하는 집단이 살아남는" 타인과의 협력과 공감을 강조한 집단선택론을 제시했다는 겁니다.(Edward Wilson, The Social Conquest of Earth) 집단 선택, 즉 같은 종 안에서도 이타적인 집단이 생존에 더 유리하다는 말입니다. 친족 선택은 혈연관계가 얼마나 가까운가에 따라 서로 협동에 차이가 난다고 했지만, 집단 선택론에선 협동과 공감을 비롯한 집단 수준의 형질들이 유전될 수 있고, 집단 간에 생존경쟁이 있을 경우, 협동하는 집단이 살아남는 데 더 유리하대요.(조선일보, 20130330)

그렇다면 우리가 더 잘 살기 위해서는, 서로 협동하여 서로 상대에게 유익한 행동을 해주는 것이, 자기만을 위한 행동을 하는 것보다 더 낫다는 의미이고, 이것은 선택하는 것이 아니라 원래 사람에게 주어진 기본기능이란 말입니다. 그러니까 우리가 자연에 복종하는 게 아주 좋다고요.

서로 돕는 나무들. 모일수록 건강해

　　이제야 "모든 것을 사랑하는 사람이 참 사람"이란 양자물리의 주장과, "서로 사랑하라"는 바이블의 주장도, 본래 인간의 뇌 속에 심어진 그대로 실천하라는 의미이며, 바로 위의 뇌 영상을 통해 증명된 "사람의 도덕성은 선택이 아니라 타고난 것"이란 주장과 일치됨을 알 수 있어요.

　　타고난 천성을 그대로 실천해야 더 행복해지고, 가정은 특히 그런 사람을 만드는 인장이 되어야 되겠지요. 사람은 선악을 구별할 수 있고 악을 행하면 금방 가책을 느끼죠. 비록 순간적으로 나쁜 마음을 가지고 저지른 잘못도 곧 가책을 받고 뉘우쳐요. 지금도 그렇지만 미래는 개인이나 집단은 물론 사회나 국가도 도덕적으로 수준이 낮으면 경쟁력이 없어진대요.

　　그런데 여기서 꼭 짚어야 할 게 있어요. 엄마 아빠, 어떤 사람은 아예 도덕적 생각이 전혀 없는 경우도 있잖아요? 타고난 것인데 왜 없을 수가 있을까요? 그건 가깝게는 그 사람이 그 본능을 처음부터 전혀 사용하지 않아서 소멸 될 수도 있고, 그분의 부모나 그 전부터 덜 도덕적이었으면 조금씩 점차 줄어들다가 없어질 수도 있는 거래요.

　도덕은 도덕이나 삶 자체가 아니라 우주적 질서와 통합이고 모든 것의 공존관점인 거죠. 예수, 간디, 공자, 소크라테스, 칸트, 테레사 등 위대한 도덕가나 종교지도자와 철인들의 삶이 우주적 통합이란 의미니까요. 우주적 원리는 "대접을 받고자 하는 대로 남을 대접하라"와 같으므로, 사실은 남이 아니라 다 나라는 관점이라야 맞죠. 역시 이런 관점이 좋아요. 우주에 통합되었을 때 선하고 공익이 되는 것이 가장 바람직한 도덕 수준이라고 보는 거지요. 이 매뉴얼이 지향하는 바도 그렇고, 특히 인장매뉴얼은 그런 관점입니다.

사람은 초고정밀 전자동 : 회복탄력성

엄마, 아빠, 사람은 스스로 생각하고 결정하는 능력이 있지요. 사람은 신체 정신 정서 모두가 다 자율이래요. 스스로 선택하고 행동할 수 있어요. 만약 자율을 침해당할 때 사람은 가장 강하게 저항한대요. 그리고 자율성이 강한 사람은 언제나 우수하게 된다는 증거가 참 많아요. 어른들은 자신이 고도로 정밀한 전 자동임을 잊고, 태아나 아기를 완전수동으로 만드는 선수 같아요. 자신이 그런 취급을 받았기 때문에 앙갚음처럼 말입니다. 전 세계에서 자유를 누리려는 저항의 피가 얼마나 흘렀는지 모른다지요. 물론 제가 말하는 자율은 정치적인 것은 아닙니다. 오로지 사람 개개인의 특성에 관한 것이고 사람의 본질에 해당하는 것입니다.

사람의 생성과 성장과정에서 자율성을 확인할 수 있어요. 어떤 안내도 지시도 명령도 없지만, 정자와 난자는 스스로 만나 생명체가 되며, 착상과 탄생과 성장까지 전 자동이거든요. 가끔 사람의 부주의로 중매도 하고, 시술이나 수술도 하지만 그게 정상은 아니지요.

누가 명령해서 결혼했고, 마지못해 합궁했으며, 지시해서 임신했고, 법에 따라 출산했어요? 누가 신생아에게 먹고 싸고 놀고 잘 것을 가르쳤으며, 누가 아기에게 기고 웃고 옹알이하고 걷고 뛰기까지라도 가르친 사람이 있었어요? 그냥 자신도 모르는 사이에 자라고 분간하고 다 해요.

누가 아이의 키를 키우고, 체중을 더하거나 뺐으며, 듣기나 말하기나 느끼고 보기를 가르쳤어요? 그냥 저절로 좋아 엄마 아빠가 만났고, 또 더 좋아서 정자 난자가 만나게 해서, 스스로도 모르는 사이에 생명체를 생기게 하는 경우가 더 많아요. 그러나 수정과 착상과 출산과정이 다 저절로 되는 것 같지만 그 악전고투는 말로 다 표현하기 어려울 정도입니다.

얼마나 어려운지 수정과정만 먼저 대략이라도 볼까요. 난자는 거의 기다리는 편이지만 정자가 가는 길은 참으로 멀기도 하지만, 마치 철인 3종 경기는 명함도 못 내밀 정도로 험난해요. 출발할 때는 대체로 3억 정도지만 오죽 어려우면 중간에서 99.999%가 넘게 아예 죽음을 맞을까요. 난자를 만나는 경쟁률은 최소 3억대 1이나 되니까 일단 이 땅에 태어난 사람은 다 대단한 챔피언이지요.

인생이 얼마나 어려우면 그렇게 치열하고 험난한 경쟁을 통과시킬까 싶기도 해요. 정세포의 악전고투를 간략하게 보면 다음과 같아요. 일단 3억의 경쟁에서 승자는 단 하나 뿐, 2등도 없는 승자독식 원칙이지요. 죽음을 넘나드는 장애물과 방해로 인해 중도 사망

사람의 삶은 집게들처럼 호락호락하지 않다

율이 거의 99.999%를 넘으니까 세상에 이렇게 처절한 경쟁은 없잖아요. 절정의 즐거움으로 출발해 불과 30분만 지나면 악전고투가 시작되어, 14시간 이상의 치열한 사투를 벌여, 결국 그 잔인한 승자 독식으로 끝나고 마는 경쟁.

그러나 그 장애는 다 귀한 생명을 보호하기 위한 난자 측의 전략이래요.

① 병균침입을 막는 치명적인 화학무기인 산성 지대 ② 턱밑까지 빠지는 늪지대인 무서운 접착력의 점액 막 ③ 15cm(정자에게 천리 길) 나팔관의 섬모지대는 마치 예리한 쇠창살로 통행을 막는 것 같은 장애물지대 ④ 수많은 대포로 무장한 성벽과 같이 견고하고 정말로 무시무시한 난자 주변의 영양세포 ⑤ 정자 머리의 3,000배에 해당하는 두터운 난 벽 등입니다.

왜 이런 장애물과 끝없는 방해공작으로 정자의 접근을 막을까

대추 꽃은 낭비 없다. 반드시 꽃 하나에 열매 하나다

요? 난자의 대답은 너무나 단호해요. 가능한 한 더 양호한 성능의 정자를 선택하기 위한 일종의 테스트이기도 하고, 자신의 신변을 최대로 안전하게 하는 방어조치이기도 하다는 것입니다. 그런데 누가 이런 걸 가르쳤어요?

그렇게 악전고투 끝에 새 생명이 되었지만, 끝이 아니라 본격적으로 왕성한 생명의 성장이 시작되지요. 또 며칠간 이동해서 착상해야 겨우 한숨 돌릴 수 있어요. 거기서 9개월 쯤 있다가 스스로 방향을 돌려 태어나려고 산도를 찾아가요. 이건 누가 가르쳤어요? 전 과정에 아무도 지시하거나 안내하거나 명령하지 않아요. 그 어려운 산관 통과는 가끔 생명을 바꾸기도 할 만큼 고역이 맞죠? 그런데 이게 다 자율이거든요. 설명할 수 없는 정교한 작용과 어려운 성장단계를 다 스스로 해냈고 계속 해내거든요.

만약에 누가 매뉴얼 던져주며, 총칼 들고 협박하면서 그 과정을 거치라고 하면, 차라리 올림픽 금메달을 따고 말지라면서 다 포기할 것입니다. 그러나 사람은 이를 다 스스로 수행하는 초고정밀 전자동입니다. 이게 생명체 생성과 성장 및 생존의 기본 원리라고요. 즉 의도 있는 쿼크와 원자와 분자 및 세포들의 결합이고 발전이거든요. 이 고귀한 자율기능을 최대화하는 것이 모든 사람의 최고 지혜로운 삶일 것입니다.

사람은 원래 오뚝이래요!

15세 집을 잃고 길거리로 쫓겨남, 23세 사업 실패, 24세 주 의회 선거에서 낙선, 25세 사업파산(빚 갚기 17년 고생), 26세 약혼자 갑작스런 사망, 28세 신경쇠약으로 입원, 30세 주 의회 의장 선거 패

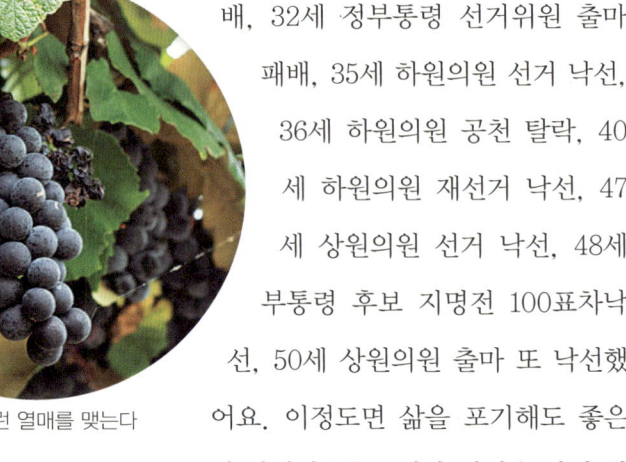
또 일어나야 이런 열매를 맺는다

배, 32세 정부통령 선거위원 출마 패배, 35세 하원의원 선거 낙선, 36세 하원의원 공천 탈락, 40세 하원의원 재선거 낙선, 47세 상원의원 선거 낙선, 48세 부통령 후보 지명전 100표차낙선, 50세 상원의원 출마 또 낙선했어요. 이정도면 삶을 포기해도 좋은 것 아닌가요? 그러나 링컨은 다시 일어나 역사상 가장 훌륭한 미국대통령이 되었지요. 아마 그렇게 많은 실패가 그를 그토록 훌륭한 대통령이 되는 거름이었나 봐요.

　사람이 사는데 아무런 실패도 어려움도 없으면 참 좋을 수도 있겠지만 실패와 어려움에도 다시 팔딱팔딱 일어나는 게 더 낫대요. 왜냐하면 그런 어려운 경험을 통해 사람이 훨씬 더 강하고 유능해지기 때문이랍니다. 아무리 어려움이 있어도 실망이나 좌절하지 않고 다시 힘을 내는 것을 회복 탄력성이라고 하며, 사람은 누구나 회복탄력성이 강해야 행복하게 살 수 있다고 하네요. 항상 바로 일어나는 오뚝이처럼 말입니다.

　예를 들면 가정환경이 아무리 어려워도 그것과는 아무 상관없이 훌륭하게 성장한 사람들은 회복탄력성이 강하대요. 아주 가난하거나, 가정불화가 심하거나, 집안이 다 질병에 시달리거나, 부모님이 안 계시는 등 정말 어려운 환경에서도, 불량친구들과 어울리지 않고 잘 자라서 성적은 물론 친구관계도 아주 좋아 칭찬받는 사람들

개구리가 나올 때까지 바위는 얼마나 쪼아졌을까?

이래요.

사람이 자라는 것은 자신의 생각을 만드는 과정이고 그 생각은 바로 회복탄력성이 강한 것이어야 바람직하답니다. 왜냐하면 삶에는 학교생활이나 친구관계나 직장생활 등에서 여러 어려움이 있을 수 있으므로, 그럴 때마다 오뚝이처럼 바로 일어나 자신이 할 것을 바람직하게 잘 해내는 것이 성공이고 행복이기 때문이랍니다.

마트에서 울고 떼써서 원하는 장난감을 얻은 아이의 머릿속에는, 언제나 울고 떼쓰면 원하는 것을 얻을 수 있다는 생각의 틀이 마음으로 고정되고 만대요. 그런데 아이들은 생각의 틀을 만들어 나갈 정보와 경험이 부족하므로, 어떤 상황이나 행동에서 나타나는 부모의 반응이나, 자신의 행동 결과를 좋거나 나쁘다는 판단을 못하고 그대로 받아들여, 뇌에다 그렇게 기록하기 때문에 그것이 일생을 갈 수도 있답니다. 정말 큰 비극이지요. 그럼 엄마나 아빠는 어떻게 하시겠어요?

새들은 떼쓰지 않고 자란다

이렇게 삶의 성공과 행복을 결정짓는 회복탄력성이 어릴 때의 경험으로만 되는 것도 아니고, 어려운 환경에서 자란 사람들에게만 필요한 능력도 아니며, 모든 사람이 회복탄력성을 가지고 있고, 모든 사람에게 필요하며, 경험과 연습을 통해 충분히 향상시킬 수 있답니다. 사람은 누구나 넘어질 수 있지요. 특별히 부주의하거나 태만해서가 아니라 순간적으로 자기도 모르게 교통사고를 내기도 해요. 이럴 때 얼른 정신 차려서 다음 행동을 제대로 해야 됩니다. 그래야 이상 없이 삶은 지속됩니다.

자기 조절능력 키우기

자라나는 아이에게는 자기조절능력이 지능보다 훨씬 중요하대요. 지능은 보완이 가능하지만 자기조절능력은 단기간에 형성되지 않거든요. 자기조절능력이란 축구의 패스요령과 같대요. 힘껏 찰 때도 있지만 아주 살짝 건드리기만 해야 될 때도 있지요. 자신의 감정을 이해하고 억제하여 참으면서 조절하고, 스스로 동기부여해요. 또 회복탄력성의 기반이 되거든요. 참기도 하고 분발도 하며 자신을 다스리는 거죠.

너 자신을 알라는 소크라테스의 말과 아는 것이 힘이라는 베이컨의 말을 합해, "자기 자신을 아는 것이 힘"이지요. 사람이 자신을 제대로 아는 것이 굉장히 중요하지요. 예를 들어 자신은 다람쥐로 태어났는데 들오리로 착각을 하면 큰 일이 나요. 들오리는 헤엄도 잘 치지만 날기도 잘해요. 다람쥐가 어떻게 그 흉내를 내겠어요.

자기를 바로 알면 남도 바로 알기 쉽답니다. 남을 인정하고 받아들이는 게 더불어 사는 첫 단계래요. 남을 정확히 이해하고 수용해야 남에 대한 공감능력과 배려심도 생겨요. 부모도 아이에게 타인으로 인정되어야 해요.

마음의 근육 강화하기

엄마 아빠, "자녀의 성적보다 더 중요한 것은 마음의 근육"이라는 말이 있어요(박주영 역, 아이의 회복탄력성). 겉으로는 아무리 봐도 행복에 겨워야 할 사람들이 행복하지 않은 사람들이 늘고 있대요. 부모의 아낌없는 사랑을 받으며 물질적으로 풍요롭게 살면서도, 요즘 애들은 불행을 더 느낀대요. 하찮은 것을 심각하게 걱정하고 고민하며, 사소한 실패에도 쉽게 주저앉고요. 애들이 언제나 행복하게 자라고 행복한 사람으로 살 수는 없을까요?

물고기는 자기조절력이 완벽

바로 마음의 근육인 회복탄력성을 강화하면 끝난대요. 몸의 근육이 늘어나면 행동이 민첩하고 건강해지듯이, 마음의 근육을 키워 주면 힘들고 어려운 일에 대응하는 힘도 강해지지만 순발력도 살아납니다. 회복탄력성이란 아이 스스로 일상에서 부딪히는 크고 작은 여러 어려움과 실제 문제들을 해결하고 이겨 내는 마음의 근육입니다.

사람이 자란다는 것은 항상 새로운 것을 배우고 도전하며, 그것을 처리하는 방법을 배우는 것이래요. 즉 도전하고 극복하는 연습을 반복하여 어려움의 극복이나 문제해결 기능을 향상시키는 것이지요. 세 살만 되어도 혼자 밥 먹고, 6,7세면 대소변을 처리하며, 읽기와 셈도 배우고, 친구를 사귀며, 예절과 문화도 익혀야죠. 그게 성숙되고 세련되며 자람이지요.

이때 어른들은 별것 아닌데 애들은 처음이니까 시련과 어려움

외로운 창에서 마음의 근육을 키워야

을 겪죠. 친구들에게 놀림 받거나, 선생님이나 다른 어른들에게 핀잔도 듣고요. 그렇다고 매번 부모가 해결해 줄 수도 없지만 그래서는 오히려 안 되잖아요.

초등학생의 신발이나 옷도 엄마가 정하고, 4학년도 엄마 맘대로 학원 가게 하면, 장성한 아이를 도로 태아로 만드는 격이라고요. 병원에서 의사의 질문에도 엄마가 대답하고, 애들이 놀다가 다투면 엄마가 무조건 다른 애들 나무라면, 그런 자식이 무슨 실용지능이나 회복탄력성이 자라겠어요?

아이가 작은 일에도 화를 내고 짜증내며, 뜻대로 안 된다고 악을 쓴다면, 자기조절능력이 부족하므로, 다른 대안을 찾거나 인내를 배우는 기회로 삼는 것이 좋을 것입니다. 아이를 사랑하고 지지해 주는 친구와 가족이 많을수록 아이는 모든 일에 적극적으로 행동하고 자신감이 넘쳐요. 그러니까 가정에서 인성과 함께 회복탄력성을 향상시키는 것이 가장 좋지요.

마음이 강한 아이가 행복하게 성공하고, 회복탄력성의 차이가

순발력 있게 대응할 수 있어야

아이의 미래를 바꾼다고 해요. 같은 시련에도 힘을 더 내어 앞으로 나아가는 사람이 있고, 완전히 위축되어 후퇴하는 사람도 있습니다. 원래 인생은 오뚝이가 맞으니까 누가 더 바람직할까요?

부모는 아이에게 학습능력, 창의력, 사고력보다 오뚝이 기질을 키워야 되겠지요. 시련과 문제를 이겨 내는 마음의 근육이 탄탄해야 돼요. 회복탄력성이 높을수록 마음이 강하고 적극적인 사람이고요. 마음이 강한 사람은 실패했을 때, 주저앉기보다 그것을 배움 기회로 새 도전을 모색한대요.

그게 바로 오뚝이 정신이잖아요. 그런 아이가 성적이 좋고, 친구의 놀림에도 의연하게 대처하며, 자신의 상황을 긍정적으로 처리하지요. 그것이 모든 사람에게 성장의 원동력이고 디딤돌이 돼요. 오뚝이 정신은 진정한 행복을 위해 반드시 필요한 태도며 실천할 사회적 기능이라고요.

순도가 높은 금일수록 뜨거운 불에 여러 번 정제된 것이래요.

고통스러울 때 혼자 생각하며 걷는 길

사람은 금보다 더 귀하니까, 시련과 연단을 더 겪으면서 정제되고 다듬어져야 되겠지요. 아이를 사랑할수록, 시련과 실패도 경험하게 두래요. 뜨거운 불에 달궈지지 않은 금속으로는 아무 것도 못 만드니까요.

회복탄력성 높이기

회복탄력성을 높이는 세 가지 요소는, 올바른 부모상, 자기조절능력, 대인관계능력으로 압축된답니다.(박주영 역, 아이의 회복 탄력성) 부모는 자식을 태어난 그대로 인정하고 그가 타고난 대로 자라도록 지원하는 사람으로 여겨지게 해요. 다음은 자신의 감정과 마음을 이해하고 조절하는 자기조절능력과, 다른 사람을 인식하고 받아들이는 대인관계능력을 향상시키고요.

그러기 위해서는 사람은 다 다르다는 것을 먼저 인정하고, 자기와 덜 맞더라도 그의 다른 점을 좋게 보고 긍정적인 면으로 전환시키기만 하면 되겠지요. 그러면 언제라도 항상 오뚝이처럼 팔딱팔

책을 통해서도 회복탄력성을 높일 수 있다

벽과 나무가 어우러져 서로 아플 수도 있지만?

딱 일어난대요.

그러려면 우울, 불안, 슬픔, 분노 등 삶을 피곤하고 지치게 만드는 힘든 일상에서 스스로 회복탄력성을 강화하는 구체적이고 실질적인 방법을 구비해야지요. 회복탄력성은 우리 모두의 DNA에 들어있어서 새롭게 갖추어야 할 능력이 아니라, 본래의 생명과 성장의 힘을 회복하면 된대요.(최성애)

어려서부터 회복탄력성을 활용하면 일상의 스트레스는 물론 뜻밖의 시련이나 역경도 심리적 면역력으로 거뜬히 이길 수 있답니다. 특히 아이들을 키우고 보살피는 부모와 선생님들은 반드시 회복탄력성을 강화해야 되는데, 이는 자신이 풍부해야 남에게도 너그럽게 나눠 줄 수 있어서래요.

회복탄력성은 스트레스나 역경에 대처하는 힘은 물론, 자신의 에너지를 비축하여 주도적으로 자신의 삶을 살아갈 수 있는 능력이

여러 개가 합한 힘

죠. 크게 높아졌으면 정말 좋겠어요. 몸과 마음의 균형감 및 평정심을 유지할 수 있고, 문제 상황에 유연하게 대처하여 감정적, 정신적, 신체적 활기를 되찾을 수 있고, 나아가 자존감도 회복할 수 있어요.

　　펜실베니아 의대 케네스 R. 긴스버그는, 불가피한 난관을 극복하고 자립적이고 낙관적인 사람이 되는 힘인, 회복탄력성은 7개의 C로 된다고 했어요. 소아과 의사인 그는 아이의 건강한 발달이라는 면에서 회복탄력성을 키우는 7가지 핵심 요소를 만들어 놓고는, 이를 공통 언어로 사용하자고 했대요. 그 핵심요소는 능력(competence), 자신감(confidence), 연결(connection), 성품(character), 공헌(contribution), 대처기능(coping), 자기통제력(control)이며 이는 서로 밀접하게 연관되어 있다고 했습니다.

　　특히 그는 7가지 핵심 요소 중 능력을 가장 강조했는데, 실제

능력은 통합된 것

로 긍정적으로 생각하고 낙관적으로 기대해도, 육체적 정신적 능력이 없으면, 어떤 상황에도 대응할 수 없으므로 회복탄력성이 자라지는 않기 때문이랍니다. 능력이 없으면 다른 6가지 핵심 요소를 키우기도 어렵지만 활용도 못한다는 거예요.

그래서 능력을 키우는 핵심 원리는 "아이의 앞을 가로막지 않기, 자유롭게 놀리기, 칭찬과 비판하기, 진짜 성공 꿈꾸기, 명확하게 사고하기, 잔소리 않기, 애들이 올바른 선택을 하도록 지도하기, 미디어 활용능력 기르기" 등이라고 강조했습니다.

고상한 인격적인 사람이 되어야!

사람은 인격적 존재로 누구나 다 서로 대등하며 누구로부터도 독립적이지요. 그래서 서로 관계를 맺거나 사귀기도 하며 심지어 절대적 존재와도 사귈 수 있고 사귀고자 해요. 인격적이란 사람으로 사람사이에 서로 존중받을 수 있는 가치와 존중받아야 되는 서로의 관계(김상복)라고 본대요.

사람은 포유류로 분류하지만 만물의 영장이라고 인정하죠. 사람이 얼마나 대단한 존재인지 굳이 더 언급할 필요가 없을 겁니다. 그냥 한 마디로 사람의 뇌는 지금까지 세상에 있는 모든 컴퓨터의 용량과 기능을 합한 것보다 더 상위의 일을 할 수 있다고 하면 짐작은 될 겁니다.

그래서 왜 그런가, 어느 정도인가 등은 누구나 인정하니까 더

사람은 반드시 일정 기준 충족해야

따지지 말고, 그렇게 되려면 갖추어야 할 기본 조건이 무엇인지 확인하고 그것을 충족시키고 유지해야 되겠지요. 왜냐하면 "사람이 밥만 먹고 사니?"란 말도 있지만, "사람이면 다 사람인가 사람이 사람다워야 사람이지!" 란 말은 정말로 큰 의미가 있잖아요? 그래서 제가 지금 엄마 아빠와 바람직한 사람의 기본 모습은 어떠해야 하는지 5번째 조건을 보잖아요.

사람의 생명이 유지되기 위해서는 빛 공기 물 음식이 기본일 겁니다. 그러나 먹고 사는 것은 그냥 생명체나 동물 수준일 뿐이지요. 밥만 먹고 못 산다면 뭘 또 먹어야 되며, 사람답다는 것은 또 뭔가요? 이미 본 바와 같이 사람은 정도 먹어야 되고, 교양이나 문화도 먹어야 되며, 영성도 먹어야 균형 잡힌 건전한 인격이 되나 봐요. 몸이 음식을 먹고 영양을 얻어 힘을 쓸 수 있는 것과 같이, 정신도 정서도 영성도 먹고 힘을 얻어, 필요한 행동을 해야 자신이 속한 사회에 적응될 수 있죠. 무례하지 않기 위해 예절을, 무식하지 않으려고 지식을, 다른 사람과 함께 즐기려면 놀이와 문화를, 외롭지 않으려면 사랑을, 정말로 두려움 없이 평안하게 안심하고 보람 느끼며 살려면 남을 돕는 봉사와 베풀기와 신앙생활을 해야 된대요.

이때 받거나 얻기만 해서 되는 게 아니라 반드시 내보내야 균형이 맞는답니다. 음식을 먹으면 반드시 소화된 폐기물을 내 보내야 되는 것과 같아요. 그런데 고상한 인격이나 인품을 유지하려면, 언

희생의 산물

제 어디서나 반드시 거기에 필요한 행동을 해야 되고 적절한 영향을 미쳐야 된다고 해요. 사람은 가슴 가득 남의 사랑과 인정과 관심을 받아야 되고, 가득 찬 것을 다른 사람에게 내 보내야 안정감이나 자부심을 가지고 살 수 있대요. 그래야 고상한 인품을 유지할 수 있다는 말이지요.

그래서 해야 할 질문이 뭘까요? 제가 왜 살아야지요? 엄마 아빠, 사람은 누구나 스스로 원해서 세상에 온 것이 아니라고 하던데요. 사람들은 흔히 내가 원하지도 않았고, 내가 계획하지도 않았으며, 나도 모르게 그냥 태어났다고 하잖아요. 과학적으로 보면 그것은 크게 잘못 알고 있는 것 같아요. 양자의학에 의하면 내가 태어나기 전에 부모를 선택해서 온 것으로 되어 있지요.(강길전, 양자의학. 오세웅 역, 놀라운 태아기억)

물론 전적으로 내가 계획해서 온 것은 아니고, 보내지거나 만

영근 곡식 참새들이 다 먹었다

들어진 부분이 더 많지만, 태어난 후 기억하는 사람이 적을 뿐 선택한 면도 있어요. 하여간 사람의 출생과정이나 삶의 과정이 장미 깔린 탄탄대로가 아니라, 가시 덮인 험한 길이라는 말이 있던데요. 그 험한 길을 고생시키려고 일부러 보냈을까요? 그래서 그 고생을 못 이겨 많은 사람들이 자살을 하게요? 자살자가 많은 것은 삶이 어렵다는 면도 있겠지만, 자기가 살아야 할 이유나 확실한 목적을 모르니까 그런 것 아닐까요? 도대체 왜 제가 살아야 하는지 알아야 저도 이를 악물고라도 살죠?

어떻든 생후도 그렇지만, 출생까지의 과정이 너무나 어려운 고생길이란 것이 의미가 있나 봐요. 수정과정이 얼마나 어려운지 앞에서 확인했지요. 난자는 거의 기다리는 편이지만 정자가 가는 길은 참으로 멀기도 하지만, 마치 철인3종 경기는 명함도 못 내밀 정도로 험난했어요. 그것은 장애물 통과나 고생이 목적이 아니라 그것을 통해, 보다 더 의미 있고 더 향상된 기능을 수행하여, 더 큰 가치를 만들려는 의도로 잠재력을 더 키우는 조치였어요. 그렇게 잠재력을 키워서 뭘 하려느냐고요?

일단 그렇게 대단히 잠재력이 큰 사람이 된 후에는, 사는 동안 그

머루 한 그루의 열매는 수 백 배다. 사람도!

능력으로 선한 일을 하고, 남의 삶이 더 좋아지도록 도와주는 사명을 완수하라는 것이래요. 그렇게 큰 희생을 통해 주어진 생명이니 그 값을 하라는 것인데, 그게 바로 남에게 필요한 것을 제공하는 것이랍니다. 즉 다른 사람이 안 가진 것을 내가 제공해서 다른 사람의 삶이나 주위를 더 좋아지게 하라는 사명이랍니다.

가장 쉽게는 사람 몸의 세포만 봐도 알 수 있듯이, 다른 세포는 다 이웃 세포를 도와주는데, 암세포는 자신만 살려고 독식하며 다른 세포가 다 죽든 말든 상관하지 않는데요. 그러다가 결국은 본체를 죽여 저도 죽고 말면서! 그와 같이 사람이 혼자만 살려고 하면 암세포처럼 조직이나 사회를 망가뜨리고 자신도 죽고 말잖아요.

그러고 보면 자기가 살기 힘 든다고 죽는 자살은 정말 엄청난 넌 센스지요. 생명의 본래 사명은 정말로 갸륵해요! 눈물로 뼈를 녹여 희생한 동료들에게 감사해야 돼요! 바이블이 강조하는 사람의 본

수많은 입자와 작가의 땀이 뭉쳐진 것

래사명도 사람과 자연과 주위의 모든 것이 원활하도록 돌보는 것이랍니다. 그래서 사람이 만물의 영장이라는 군요!

그러므로 사람은 가정, 사회, 국가를 위해 애국애족을 숙명으로 해야 된대요. 이런 질문에 대답할 수 있겠어요? "우주가 없다면 지구가 존재할 수 있을까? 지구가 없다면 한국이 있을 수 있을까? 한국이 없다면 지금 우리 지역은 어디에 있을까? 지금 내가 사는 지역이 없다면 가정은 건재할 수 있을까? 가정이 없다면 내가 과연 있을 수 있고 의미도 있을까?"

하나의 생명체가 되기까지는 그 원 목적을 위해서, 여러 개의 아래 요소와 또 아래로 여러 단계로 나누어져, 수없이 많은 작은 알갱이들이 모였습니다. 이는 마치 사람의 몸에서 팔 다리와 머리, 여러 내장 등 장기들이 모였고, 그 각각의 장기는 또 무수한 여러 종류의 세포들이 모인 것이며, 그 많은 세포 각각은 또 평생을 세

다른 색깔이 합해서 더 아름다워

어도 다 못 셀 분자와 원자 및 작은 알갱이들로 되어 있는 것과 같습니다.

　人場에서는 먼저 가족 사랑을 실천하고, 사회에 기여하며, 애국을 배우는 것이 가장 자연스럽고 당연한 것이지요. 이 책임은 전적으로 부모에게 있어요. 우리가 완전한 인격체라면 가정과 사회와 국가에 대한 기본의무와 그 자리에서 해야 할 필수적 기여를 반드시 해야 된다고요. 그게 자연과 사회와 국가가 개인에게 준 기본 의무이며, 사람은 누구나 이 기본의무를 다 했을 때 훌륭한 인격자가 된대요. 그래야 생명체의 기본 특성 중 하나인 성장 발달을 이루게 돼요. 물론 개인차원만이 아니라 가정과 사회와 국가도 하나의 생명체이므로 그 세포인 구성원은 반드시 자기에게 주어진 의무를 완수해야 된단 말입니다. 그래야 인격자의 값을 다 하는 것입니다.

협동이 사람의 숙명!

아빠, 미인은 보기 좋은 사람이죠. 그런데 미인의 얼굴과 몸 전체는 일정한 비율기준이 있대요. 얼굴기준은 종3횡4이고, 신장은 8등신이어야 되며, 배꼽의 위치는 배꼽에서 머리끝까지의 길이를 1로 했을 때, 배꼽에서 발바닥까지가 1.618이 되어야 가장 보기 좋답니다. 종3이란 얼굴을 길이로 상 중 하 3등분하고, 횡4란 얼굴의 넓이를 4등분한 것인데 이 비율이 일정할 때 가장 아름답대요. 얼굴의 상은 이마 끝에서 눈썹까지이고, 중은 눈썹에서 코끝까지이며, 하는 코끝에서 턱 끝까지랍니다. 미간의 길이는 코 망울의 넓이와 같아야 되고, 이 길이와 눈길이가 같아야 된대요.

엄마, 제가 지금 미인 얘길 하려는 게 아니고요, 얼굴이나 몸의 각 부분이 다 제자리에서 자신의 크기나 역할을 다 해 조화와 협

여러 다른 것들이 합해 예쁜 화분이

력을 유지해야 아름답게 된다는 걸 말하려는 겁니다. 바이블에는 하나님이 사람을 만들 때 "우리가 우리 모양대로 사람을 만들자"면서 협의하여, 사람들에게 협동의 본을 보였대요. 혼자서 하지 않고 더불어 할 것을 권고하면서 처음부터 공동작업의 모범을 보여주셨답니다. 양자물리도 생명체의 생성과 존재원리가 서로 협력하여 보다 상위기능을 수행하게 된다는 것을 밝혔잖아요.

또 생명체의 조직화 과정에 드러나는 현상은 협동과 협력 및 공동 작업을 강하게 나타내고 있다(황혜진, 생명에 대한 이해)고 했어요. 즉, 원자와 원자, 분자와 분자, 세포와 세포가 상호작용하거나 결합하면, 그 자체에서는 없었던 새로운 기능이 나타난다는 거죠. 나트륨(Na)과 염소(Cl)원자가 합하면 전혀 다른 소금이 되어 나트륨과 염소가 따로는 아무리 많아도 소금이 안 되듯이 반드시 둘이 일정비율로 합해야 소금이 돼요. 이는 마치 파이프와 체인과 바퀴가 합하면 자전거가 되어 각각의 부품이 전혀 갖지 못하는 기능을 하는 것과 같죠. 세포들은 각각의 생명현상과 기능을 갖지만 그들로 이루어진 콩팥은 혈액을 걸러주는 독특한 기능을 수행하듯이 말입니다.

탄소 · 산소 · 수소 · 질소 · 인 원자가 구성하는 핵산분자는 자손이 부모를 닮도록 지시하는 독특한 기능을 해서 얼마나 고마운지 몰라요. 생명체는 반드시 다른 기능이나 성질이 합하고 서로 협력하여 훨씬 더 낫고 좋은 기능을 수행하게 돼요. 우리가 살면서 협동하고 공동 작업을 하는 것은 사람에게 주어진 숙명이래요. 사자들이 사냥할 때 무리로 하는 것과도 유사하죠. 유전자들 중에서도 사회적 협동을 잘 하는 유전자가 훨씬 더 강해서 계속 생존할 수 있다고 합니다.

가끔은 조직에서 일할 때 차라리 혼자서 해버리면 훨씬 더 빨리 할 수 있는 경우에도, 더불어 하느라고 늦어지거나, 품질이 떨어지거나 아예 못하는 경우도 있다고 해요. 그러나 사람의 기본 특성에 협동성이 본능처럼 주어졌기 때문에 우리는 더불어 사는 것을 기본으로 잘 해야 된답니다.

엄마 아빠는 저를 디자인할 때 처음부터 이런 특성을 기본적으로 충분히 포함시켜서 감사해요. 마치 컴퓨터의 디폴트(Default; 미리 정해진)값처럼 그렇게 설정하면 반드시 그렇게 되거든요. 미래로 갈수록 더욱 더 다른 것을 합하는 협동이 큰 경쟁력이 된다고 미래 전문가들이 말해요.

기본사명은 이웃에 기여하는 것

그러면 사람들에게 주어진 기본 사명을 한 마디로 하면 무엇일

자동차도 점점 더 통합 분야와 부품 수가 많아져

까요? 자신의 이웃에 기여하는 것이랍니다. 우리가 가족으로 만난 것도 우연이 아니라 거기에는 반드시 분명한 목적이 있대요. 바로 다음 세대를 바로 키우는 것이 가족으로 만난 목적이랍니다. 그래야 인류역사가 이어지니까요.

왜 다음세대를 바람직하게 키워야 해요? 사람이 영원히 산다면 다음세대를 갖지 않아도 돼요. 그러나 사람은 반드시 죽으니까 자신을 대신해서 사람에게 주어진 기본사명을 충실히 할 다음세대를 반드시 더 좋게 키워놓고 가야 기본사명을 완수하는 거래요.

먹이사슬도 이웃을 돕는 법칙이라고 해요. 풀은 초식동물을 위해, 다른 여러 동물에게 필요한 산소를 제공하기 위해 있어요. 그럼 사람은 왜 있어야 되냐고요? 사람은 만물의 영장으로 다른 생명체가 잘 살아가도록 환경도 조성하고 유지시키기 위해서 필요하답니다.

물 줘요!

사람은 만물의 영장으로 만물을 파괴하고 남용하며 환경을 오염시키라는 게 아니래요. 원래 사람에게 주어진 기본의무는 자연이 계속 청정환경을 유지할 수 있도록 자연을 보존하고, 자신이 처한 환경을 가꿔 지키는 것이래요. 최초의 사람을 낙원에다 놓고 준 사명이 그 낙원을 가꾸고 지키라는 것이었대요. 낙원이 유지되는 데도 에너지가 필요하고 에너지를 취하면 반드시 폐기물과 무질서가 증가되거든요. 생명체가 되려면 철저히 질서정연한 구조를 갖지만, 이 생명체가 생존하려면 반드시 에너지가 필요하기 때문에, 에너지를 취하고 나면 폐기물과 무질서를 더 증가시켜요. 이를 열역학의 제2법칙인 엔트로피라고 한다면서요.

사람이 해야 할 가장 기본적 사명이 바로 엔트로피 속도를 능가하도록 역 엔트로피 작용을 하는 것인데, 화분의 나무가 시들기 전에 물을 더 줘야 하는 것과 같죠. 건강할 때 건강을 챙기라는 것도 바로 역 엔트로피 작용이지요. 그래야 자연이 더 파괴되거나 훼손되지 않고 계속 건강한 청정상태를 유지시킬 수 있잖아요. 그것도 역할 분담한 협력이지요.

내가 살아야 할 이유와 목적을 바로 알아야 한 눈 팔지 않고 자신의 사명에 집중할 수 있어요. 애써 공부해서 남 주기 위한 것이지 자신이 누리기 위한 것이 아니라면, 멍청하다고 하겠지만, 냉정하게 보면 그것이 원리거든요. 얼마 전 아빠친구가 카톡으로 이런 얘기를 보내온 걸 봤어요.

〈도쿄 올림픽 때 운동장 확장을 위해 건축 3년 된 주택을 헐다가, 인부들이 뒷다리 쪽이 못에 박혀 움직이지 못하는 도마뱀을 봤다. 주인에게 물어봤더니 분명히 3년 전에 공사를 하고는 손 댄 적이 없다고 했다. 그렇다면 그 도마뱀은 3년간 몸이 못에 박혀 움직이지 못했는데 어떻게 살았을까 궁금했다. 그래서 지켜본 결과 "다른 도마뱀이 계속 먹이를 갖다 주는 놀라운 사실"을 발견했다.〉

이런 협력적 도움이 생명체 모두에게 주어진 기본사명 실행모델입니다!

보다 상위 기능으로 성장발전 해서 더 큰 일 하려면 합해야!

생명체의 특성 중 "외부환경에 맞게 내부 환경조절, 성장 발달, 종족 번식" 등을 유지하고 이루려면 반드시 이웃과 협력해야지요. 생명이 있다면 번식도 해야 되는데 혼자서는 못하지요. 성장하고 발전해서 가능한 한 자신의 가치를 더해야 되는데 남의 도움이 없이는 성장이나 발전도 못해요.

지금 같이 다양하고 복잡한 사회일수록 더 나아지게 성장 발전하려면 반드시 이웃과 협력하거나 통합해야 새 것이 생겨요. 사람의 공동체성이란 합해야 상위의 기능을 수행할 수 있다는 겁니다. 더 가치 있고 더 의미 있으며 더 쓸모나 효용이 있는 일을 할 수 있다고요.

이것이 생명체의 특성입니다. 우선 사람으로 보면, 동일한 파동의 여러 미립자가 모여서 되었습니다.

하나의 예로 피부의 표피세포 중 각질 세포가 있는데, 이는 세라마이드 분자를 중심으로 여러 개의 분자가 합해서 생겨요. 그런데 세라마이드 분자는 수소가 무려 65개, 탄소 30, 산소 3, 질소 1개가 합해야 된답니다. 물론 이들의 결합 순서도 복잡하겠지만, 수소나 탄소가 아무리 많아도 단 하나의 질소가 없으면 사람의 표피세포는 안 생겨요.

여러 재료 집합

놀이터도 여러 사람의 공동작업 결과

다른 것과 합해서 상상을 초월하는 새로운 상위의 기능을 수행하는 것이 생명체의 물리적인 현상입니다. 그렇다면 사람의 경우는 신체보다는 정신력과 정신활동에서 더 탁월하거나 우수하게 되기 위해서는 반드시 다른 사람의 것을 수용하여 통합해야 돼요. 이 사명이 그냥 알고 말 것이 아니라 주어진 숙명이므로 절대로 이를 거부할 수 없다고요.

사람은 반드시 남의 도움을 받아 성장했고, 계속 더 나은 가치를 만들려면 타인이나 다른 전문성과의 통합을 더 적극적으로 실천해야 가능해요. 물질의 분자가 다른 분자와 합해서 더 나은 기능을 수행할 수 있게 협력이나 통합하듯 사람의 정신활동도 반드시 그래야 돼요.

또 유의할 것은 실제로 상호 협력하여 무엇을 이루어 가는 과정에서, 우주는 항상 우리가 최선의 상태가 되도록 지켜준다는 사실입니다. 때로는 내가 손해를 보는 것 같아도, 결국 더 좋게 보상하는 게 우주의 법칙이래요. 내가 바라든 않든 일단 원래는 내게 가장 좋은 상태가 되게 해주는 것이 우주의 법칙이랍니다. 살면서 협동과 공동 작업이 사람의 숙명임을 인정하시겠지요. 지금도 유튜브에 보면 한 쪽 다리가 없는 남자와, 한 쪽 팔이 없는 예쁜 여자가 함께 기막힌 발레를 하는 게 있어요. 물론 휠체어를 타고도 장애가 없는 사람과 함께 춤을 추기도 하지만, 팔 하나와 다리 하나가 없는 사람이 합해서 얼마나 아름다운 공연을 하는지 놀라워요.

그게 공동 작업을 하라는 자연의 법칙과 권유에 순응하는 것입니다. 도와주고 도움 받으며 사는 것이 우리의 숙명입니다. 숙명을 거스르면 크게 고장이 나기도 해요. 서로 다른 것을 합해 기가 막힌 아름다움을 만들고 참으로 살기 좋은 세상을 만들어요. 그게 자연과 사람의 삶입니다.

살면서 반드시 좇아야 할 무지개
(사람의 삶에 절대불변진리)

人場은 세상에 유일한 사람만 창조해요

모든 사람은 다 세상에 단 한 사람

유엔 사무총장이나 미스 유니버스 또 올림픽 금메달리스트 등은 전 세계에서, 대통령은 한 나라에서 단 한 사람뿐이죠. 사람은 독점적 전문가가 되면 그만큼 유리한 게 많아서, 다 자기 분야에서 최고가 되기를 바라고, 어마어마한 노력을 하지요. 그래서 기네스북에 도전하는 경우도 많아요.

같은 놈 나와 봐!

그런데 이상하게도 한국의 보통 부모들은 자식에게 꼭 이웃집 아이가 하는 것만 따라 하게 하거든요. 이는 피나는 경쟁을 자초하는 행태라고요. 속된 말로 스스로 실패를 자초하고 무덤을 파는 것과도 같아요. 남과 다른 전문가가 되면 언제나 스카웃 대상 1호가 되고, 이런 사람이야말로 독점적 지위를 맘껏 누릴 수 있어서 정말로 뿌듯하지요. 자식이 항상 스카웃 대상 1호가 되는 것도 엄마 아빠가 해야 할 최우선 사항 아닌가요?

부모 맘대로 하지 말고 아이가 잘 하는 것을 하게 하면 아이도 부모도 다 행복해질 텐데, 애써 돈 쓰고 아이 불행하게 해서 문제아 만들지 말고, 태어날 때 가지고 온 것으로 신나고 즐겁게 살도록 도와주는 것이 가장 좋고 가장 쉬워요. 그리고 얼마나 재미있고 만족스럽다고요.

"악동 뮤지션 이찬혁과 수현 남매"도 우주에서 유일한 사람들입니다. 함께 경쟁하는 또래들이 그렇게 맹훈련을 받았지만, 그냥 초원에서 맘껏 타고난 것을 즐겼던 그들을 당할 수가 없었어요. 한때 그들의 인기는 하루가 다르게 치솟았어요. 그들은 선교사인 부모님을 따라 몽골 초원에 살면서 홈스쿨링을 하다가, 우연한 기회에 한 방송사 오디션에 응모해 대박을 터뜨린 거죠.

자기들이 부르는 곡의 작사, 작곡, 기타 반주까지 맡는 찬혁은 정식 음악교육을 못 받아 악보도 못 읽는다고 했는데 정말 놀라운 경우지요. 대신 그림과 글자를 사용해서 자기만의 독특한 방법으로 작곡을 했대요. 그러나 그가 만든 노래를 들으면 마음까지 따뜻해지며, 우리의 일상생활이 다 노래로 표현되어 더 없이 재미있는 음악답다고 찬사가 자자했어요.

결정이 같은 모래는 없다. 그래서 강하다

같은 부모가 똑같은 자식을

낳을 확률도 무려 1/64조보다 작을(송길연 외 3인 역, 발달심리학. 2008) 정도라고, 과학이 증명했어요. 그러니 영원히 같은 사람은 태어날 수 없답니다. 그런데도 우리는 남이 하는 것을 경쟁적으로 하거나 남과 같게 되기를 바라면서, 돈 쓰고 불행하면서도 자연 질서를 어기고 있어요. 왜 모든 사람을 서로 다르게 태어나게 했을까요? 모든 사람들이 다 제값을 인정받고, 서로 자신이 잘 하는 것으로 남을 도우면서 신나게 살라고 하늘이 그렇게 보냈대요(고전12). 똑 같은 사람이 있으면 같은 일을 놓고 서로 경쟁을 해야 되고, 어느 한 사람만 누리고 많은 다른 사람들은 그것을 못하고 말죠.

　　같은 분야의 일이나 자리가 무한히 있으면 좋지만 그런 경우는 별로 없으니까 남과 같은 것을 하거나 따라가면 때로는 의미 없는 경쟁을 할 수도 있으므로 어리석다 못해 한심하다고 할 수도 있어요. 그러니까 아예 전혀 남이 하지 않거나 할 수 없는 것을 할 수 있게 디자인하고, 그런 아이가 나게 하며, 자라는 동안에 빨리 남과 다른 것을 발견하여 그 분야의 전문가가 되게 해야 자신은 물론 모든 사람이 좋아요.

　　다른 동물들은 유전자에 들어있는 프로그램대로 살다가 가요. 그러나 사람은 그렇지 않고, 항상 더 나아지는 삶을 살지요. 예를 들어 산새들이 집을 짓는 것이나 거북이나 연어가 알을 낳는 것은 50년 전이나 100년 전이나 똑 같아요. 자

머리에 든 것 차이

기 의지도 개성도 없어서 그렇겠죠.

그런데 사람이 집을 짓는 것은 특별히 옛날 집과 똑 같이 하지 않는 한 비교하기도 어려울 정도로 차이가 많아요. 어째서 다른 동물은 50년 전이나 100년 전이나 지금이나 똑 같이 사는데, 사람들은 늘 다르게 살까요? 이 현상을 사람의 뇌를 중심으로 보면 확실해요.

사람의 뇌 세포를 대체로 1000억 개나 된다고 하지요. 이 뇌 세포 중 약 15%에 해당하는 본능 외에는 텅 빈 상태로 태어나기 때문에 살아가는데 필요한 것을 채워야 된답니다. 그래야 그 때 그 자리에서 사는데 필요한 것들을 자기 것으로 만들어 필요한 행동을 할 수 있대요.

15%의 본능적인 행동이나 감정을 통제하는 변연계에는 이미 데이터가 채워져서 나오는 반면, 대뇌피질은 태어날 때 내용이 없는 빈 세포로 되어있답니다. 비어있는 이 대뇌피질이 고도의 사색기능, 판단기능, 창조적 정신기능 등, 즉 인간만이 할 수 있는 가장 고귀

옛 집과 같게 지으려 애쓴 집

한 정신활동을 한대요.

대뇌피질이 운동과 감각까지 주재한다니 이는 매우 중요한 부분이지요. 야성적이고 광폭한 행동은 대뇌피질이 비었거나 통제력을 상실한 상태에서 나오는 경우가 많다고 해요. 그러므로 이 비어 있는 뇌를 우리는 의도적으로라도 사는데 필요한 것으로 채워야 된다는 거죠. 컴퓨터와 비교하면 돌아가는데 필요한 기본 운영 소프트웨어(OS)는 설치되어 있지만, 실제 작업을 하는데 쓸 응용 소프트웨어(AS)가 없는 것과 같단 말입니다. 거기에 바람직한 양질의 응용 소프트웨어는 물론, 작업하는데 필요한 구체적인 데이터까지 꽉꽉 채우는 것이 바로 자기만의 전문성을 쌓는 것이라고요.

그리고 이미 채워진 15%의 변연계는 정해진 값이므로, 생후 맘대로 바꾸기가 쉽지 않나 봐요. 사실은 사람을 낳고 키우는 과정에서, 이 15%의 본능에다 영원히 지울 수 없는 아주 좋은 값으로 꽉꽉 채우는 것이 임신 전에 개념 상태로 아이의 특성과 재능 등을 설정하는 것인데요.

그러면 생후에 85%의 빈 뇌를 채우는 활동은 물론, 불변 값부터 차별화시키는 것이므로, 생후의 조치만으로는 이를 도저히 따를 수가 없게 되니 그의 경쟁력은 막강하겠지요. 그래서 부모가 자식을 위해 해야 할 최고의 노력이 임신 전에 아이의 특성을 디자인하는 것이라고요.

어떻든 이 빈 뇌를 채우는 가장 첫 책임자는 바로 엄마 아빠입니다. 그야말로 한 인간에 대해서 이보다 더 큰 사명을 받은 다른 사람은 없어요. 완전히 백지상태의 공(空)디스크를 가지고 태어나는 이 아이의 머리에 그의 일생을 좌우할 여러 소프트웨어와 데이터를

세상에서 유일한 매미

아주 좋은 것으로 가득 채워야 할 사람이 바로 엄마 아빠라고요.

그래서 부모는 아이들을 위해 이 땅에 보내진 또 다른 천사들입니다. 이 성스럽고 엄숙한 임무를 잘 수행할 수 있도록 미리 준비도 하고 늘 가다듬어야 돼요. 저절로 되도록 두는 게 아니라 정말로 세상에 꼭 필요하면서 전혀 남과 다른, 그야말로 우주에서 유일한 전문가 되게 해야지요.

경제나 사회적 인력구조가 불균형인 것은 부모들의 무지로 인한 것이라고 해도 말이 됩니다. 이미 디자인한 대로 타고난 소질을 개발하고 그것을 잘 발휘하며 살도록 도와주었으면, 각 분야별로 자신들의 전문성을 발휘하여, 자신의 일을 만들어 그것을 업으로 하고 살면서 정말로 행복할 수 있을 텐데요. 지금은 부모나 선생님들이 그 자유를 앗아갔어요.

자신이 하고 싶은 일이나 잘 하는 것을 하면 세포와 DNA가 좋아서 춤을 추니까 그런 일을 하는 사람은 힘든 환경에서도 아주 행복해요. 아이들은 빵을 굽든, 가죽 구두를 만들든, 기타를 치든, 자전거를 타든, 컴퓨터를 만들든, 그림을 그리든 그들이 잘 하고 즐기며 원하는 것들을 하게 해야 돼요. 그래서 그들의 삶을 살고, 그들이 가장 잘 하는 일을 하며, 그들이 가장 자신 있는 전문가가 되게 해야 된다고요.

아이가 생기기 전에 남다른 특성을 갖게 디자인 하고 태어난 후에는 성장과정에서 남다른 전문성을 쌓게 해야 되겠지요. 그리고 그 분야에서 가장 탁월하여 누구든지 도와주고 나눠줄 수 있는 수준이 되어야 하고요. 날 때 가지고 난 것을 개발하면 우주에서 유일한 사람이란 말입니다. 이게 얼마나 좋고 신나며 가치 있는 경우인대요!

인장이란 사람을 생산하는 곳

공산품을 생산하는 곳을 공장(工場), 농산물을 생산하는 곳을 농장(農場)이라고 하지요. 한 때 정보를 생산하는 곳을 정장(情場)이라고도 했고요. 그렇다면 사람을 생산하는 곳을 人場(인장)이라고 하는 게 본질적으로 아주 바람직한 표현이고, 그래야 바른 행동이 나오겠어요.

조직은 꼭 그 이름에 걸 맞는 일을 하잖아요? 소방서는 불 끄는 일, 안전 처는 안전하게 하는 일, 영업부는 영업, 감사실은 감사만 하죠. 사람 개인의 이름도 좋아야 된다면서 작명가도 있지요. 그러니까 가정이라는 말도 좋지만 아예 그 가정 기능 중에서 가장 중요한 것을 사람 키우기로 보면 人場이라고 하는 것이 가장 좋겠어요.

사람을 만드는 것도 공산품 생산이나 농산물재배와 같다고 봐요. 먼저 어떤 모습의 사람인지 설계하고 거기에 맞는 씨앗을 준비한 후, 싹을 틔우고, 세상이라는 환경에 적응될 수 있을 만큼 키워서 태어나게 하니까요. 생후에는 적응하기 위해 온갖 귀여운 짓을 스스로 다 알아서 하니까, 생명을 바쳐서라도 그를 돌보느라고 전력을 다해 키우지요.

부모는 그렇게 훌륭한 人場長노릇을 해야 행복해져요. 그러려면 이 전 과정을 부모가 먼저 양심의 소원으로 창조하고, 그것에 따라 그대로 되도록 도와야지, 순간적 욕심대로 하는 것은 아무 것도 없어야 돼요. 원래 사람은 잉태도 출산도 성장도 다 가정에서 이루어졌어요. 요즘은 좀 달라져서 잉태는 호텔, 출산은 병원, 성장은 유아원과 유치원 그리고 학원과 학교에서 이루어지는 경우가 많죠. 그런데 어떤 사람들은 이것이 정상이거나 극히 당연한 것으로 보기도 하나 봐요.

그러나 이것은 절대 정상이 아니고 그냥 삶의 편의일 뿐이지요. 정상이 아니기 때문에 온갖 잡것이 다 끼어들어 순수하고 고결해야 할 아름다운 아이의 몸과 마음을 무참히 오염시키고 대단히 괴롭혀요. 다른 것은 다 그냥 두고라도, 옛날에는 아기가 태어난 집에는 금기를 쳐서, 최소 21일간은 아무나 들어가지도 못하게 했다는 것은 상당한 의미가 있거든요.

난 우리 집이 제일 좋아!

어떻든 사람은 엄마아빠가 일상생활을 하는 집에서 잉태되고 태어나며 늘 엄마 아빠와 함께 자라야 바람직하대요. 그래서 이런 공간을 사람이 생겨나는 장소니까 人場이라고 해야 된단 말입니다. 사람이 편리한 시설을 다 두고 집에서만 자라야 되는 데는 계산이 불가능할 정도로 이점이 많아요. 반드시 부모가 설계한 사람이 되고, 안정감이 있는 고상한 인품이 되기 때문이랍니다. 거기엔 부모가 평소에 생각하고 말하는 파동이 스며든 곳이기 때문에 항상 거기에만 있으면 안정감이 오게 되어 있어요. 사람들이 밖에서 일을 하거나 여행을 마치고 집에 들어오면 편안함을 느끼고 행복감을 느끼는 것도 같은 물질 파동과 에너지가 있어서 그래요.

소설이나 영화가 아니라 실제로 설계나 구상도 없이 실수로 밖에서 생긴 아이 때문에 가정이 파탄되는 것은, 현실에 있는 것을 소재로 한 것이므로 유의해야 돼요. 탁월한 아이를 키우고 행복한 가정을 바란다면, 반드시 설계하고, 씨앗 개발하여, 곱게 싹틔우고, 정성스럽게 키워서, 낳고 돌보는 人場이 되게 해야 된단 말입니다. 사람이 생명과 외양이 갖춰졌다고 사람이 되는 것도 아니잖아요.

우리 민법은 출생 후 20년이 되어야 사람이 되는 것으로 했다가 이제 좀 단축되었지요. 成人(성인; 사람 되었다는 의미) 연령이 낮아지지만 어쨌든 20년 가까이 자라야 사람이 된다니, 사람이라는데 대단한 의미가 있는 거지요. 지금 우리는 사람을 만들기 전에 득점 기계를 만들고, 인품을 갖추기 전에 학위를 따며, 일하는 능력이나 지혜를 갖기 전에 스펙만 쌓아요. 이제 이를 하나씩 다 바로 잡아야 돼요.

사람은 누구나 다 세상에서 유일한 천재다

　우리는 학교 성적이 좋은 사람을 그냥 천재라고 하지요? 그러나 학교성적이 나쁜 천재가 더 많대요. 왜냐하면 원래 모든 사람은 다 천재거든요. 우주가 모든 사람을 다 천재로 보냈기 때문입니다. 천재가 아니면 아예 안 보낸다고요. 학교성적이 좋은 사람은 좌뇌영역이 우뇌영역보다 더 개발된 사람일 뿐이래요. 학교성적은 대체로 국영수가 좌우해요. 수학을 잘 하면 과학과목인 물리 화학도 잘 하고, 국어를 잘 하면 사회 과목은 거의 성적이 높아요. 국어수학이 높으면 또 영어도 잘 하고요.

　그런데 초 중 고등학교 성적은 다 이것이 결정하고 음악과 미술이나 체육점수는 별 영향을 미치지 않아요. 시간 수가 적기도 하고 아예 크게 비중을 안 두니까 그래요. 학생들의 성적을 평가하는 방법도 좌뇌 활동을 잘 하는 사람들에게 유리하게 필기시험으로 하니, 체육이나 예능을 잘 하는 우뇌형의 아이들은 점수가 잘 나올 수가 없어요.

천재만 보냄

　그러나 그들도 다 똑 같은 천재들이라고요. 다만 분야가 다를 뿐이지요. 운동선수나 예능인들이 다 보통사람은 흉내도 못 내는 기

막힌 천재들이예요. 양 뇌 각각의 우수한 활동을 요약하면 다음과
같아요.

• 좌뇌 형의 특성 : 말하기, 계산, 지적(知的) 분석, 읽기, 쓰기, 이름 짓기,
  순서 매기기, 사건 사실 등 연결시키기, 복잡한 행동 분석 또는 연속화,
  비판, 평가, 논리화 등에 능해요.

• 우뇌 형의 특성 : 예술 활동, 음악적 능력, 다양한 체육활동, 감정 인식,
  종합이해, 추상적, 현상수용, 공간인식, 용모표현, 통합능력, 직관 탁월,
  창조성, 형상과 색깔 구분 조작, 상상하기 등에 탁월하지요.

    학교성적이 별로 높지 않고 공부가 별 재미가 없는 사람은, 일
단 우뇌가 더 발달된 사람으로 보면 돼요. 정도차이가 있긴 해도 사
람은 대체로 어느 한쪽 뇌가 더 발달된 경우가 많대요. 물론 양쪽

이건 우뇌 형 작품

뇌가 다 고르게 잘 발달된 사람도 있어서, 천재적 음악성을 가진 의사나 변호사도 있고, 수학에 뛰어난 가수나 발레리나도 있어요.

그런데 한국 사람은 대체로 우뇌 형이 더 많대요. 물론 이것도 정확하게 측정해본 것은 아니나, 자신 있게 말할 근거도 있어요. 일단 어느 학교 어떤 반에 가더라도 국영수 성적이 다 좋고, 지금 같은 학교 제도에 잘 적응하면서 행복해 하는 학생들이 20%를 넘지 않아요. 이건 우뇌 형이 많아서 그럴 수도 있고, 가르치는 방법이 나빠 그럴 수도 있어요. 그러나 단지 방법이 나빠서 좌뇌 형 학생도 성적이 나쁜 경우 역시 흔하지는 않을 겁니다. 그리고 보면 일단 우뇌 형이 많다고 할 수 있겠지요.

그 외에도 여러 근거가 있어요. 우리의 일상용어에서 구체적이거나 명확하지 않은 게 많다는 것도 그래요. 대충 대충, 몇 개 쯤, 서너 개, 중순 경, 내달 초 등은 우리가 많이 쓰는 말이지만 결코 정확하지는 않거든요. 만약에 우리가 철저히 좌뇌 형이면, 두개, 13일 오후, 다음 달 5일 등으로 정확히 말하겠지요. 또 상대를 이해하거나 어떤 상황을 판단할 때도, 구체적인 근거를 들면서, 그래서 그렇다가 아니고, 그냥 딱 보면 안다고 하니 얼마나 막연해요. 통합적 사고를 해서 그렇대요.

뿐만 아니라, 요즘은 한 술 더 떠서 "안 들어도 당근, 안 봐도 비디오"란 말도 많이 해요. 어떻게 안 듣고 안 보았는데도 그렇게 잘 알 수 있을까요? 이는 하나 둘 분석하는 좌뇌가 아니고, 전체상황을 한 번에 사진 찍듯 찍어버리는 통합형 우뇌이기 때문에 가능하다고요. 가끔 분석형이거나 그럴만한 상황에서 꼬치꼬치 따지면 아연실색을 하고 돌아서버려요.

　　즉 분석하고 따지고 일일이 구분하며 세는 것을 싫어하는 것은 우뇌 형의 특성입니다. 물론 사람을 믿기 때문에 안 따진다는 것도 가능한데 그것도 우뇌형의 특성이라고요. 확인도 안 하고 무슨 근거로 믿느냐 말입니다. 말 한마디에 천 냥 빚을 갚는 사람도 우뇌 형일 가능성이 높아요.

　　그럼 왜 우리는 그렇게 우뇌 형이 많아졌을까요? 정말 여러 가지 요인이 있을 수 있지만, 가장 결정적인 것은 성장기간에 적정한 자극을 제때 제대로 못 받아서 그럴 수 있습니다. 바로 만 4-6세 즉, 흔히 쓰는 말로 미운 오리새끼 시절인데요. 어떤 사람은 이때 아이를 때려죽이고 싶을 때래요. 왜 그렇게 자기 아이를 죽이고 싶도록 미울까요? 도무지 어른의 말을 듣지 않기 때문이라는 겁니다. 말을 안 듣는다는 것은 시키는 대로 안 한다는 의미인데, 이는 자신에게 다른 생각이 있다는 증거입니다.

　　4세가 되기 전에는 의사소통 자체가 잘 안 되고, 그때까지는 대체로 온 우주가 다 자기 것이기 때문에 모든 것이 자기중심이고 다 자기 것이었죠. 그리고 우선 말이 안 통하니까 알아듣지도 못하고 표현도 못해요. 그런데 4살이 되면 말을 제법 하면서 거의 알아듣

공원에 나온 아이들

고 생활에서 벌어지는 상황도 제법 알게 돼요. 그래서 논리적인 판단을 하게 되고, 그러면서 알고도 자기가 하고 싶은 대로 하겠다는 거죠. 물론 어른들만큼 상황을 통합적으로 다 알아서 전후사정에 맞는 의사결정은 아니지만, 자신의 다른 생각과 다른 견해가 생기기 시작한단 말입니다. 다른 생각을 장려해야 돼요.

그래서 말을 잘 안 듣고, 질문도 많이 한다고요. 즉 지극히 정상적인 성장과정의 자연현상이지요. 질문 중에 가장 많은 것이 "왜와 무엇"일 겁니다. 5살 아이와 함께 있으면 질문 공세에 어른이 지칠 지경이라고들 해요. 어른을 괴롭히려는 의도가 아니라 그 때가 바로 좌뇌 활동 즉 사물이나 사실을 분석하는 시기이기 때문에 그렇습니다. 사람이 어떤 환경에 적응되기 위해서는 자신이 판단해서 행동하기 위해 상황을 다 알아야 되는 것은 너무나 당연하잖아요? 그러니까 자신이 태어난 사회에 살아가기 위해 분석적인 뇌 활동이 시작되어 일일이 확인하느라고 질문을 하는 겁니다.

즉 알아야 적응할 수 있기 때문이죠. 이때 그가 하는 모든 질문에 답을 잘 해주고, 오히려 추가 질문을 해서 더 생각하게 하면 좌뇌가 많이

"쌈지가 뭐야?"라고 물어야

개발된다고 해요. 그게 무슨 의미인가 하면요, 어떤 사물이나 상황을 분석하고 통합하는데 필요한 기능적 시냅스와, 필요한 자료의 시냅스가 뇌신경망에 더 많이 생기고, 관련된 신경세포에 근육도 생기며, 더 튼튼해져서 작동이 더 빨라지고 더 정확해진대요.

그런데 아이들의 질문에 답하려면 백과사전이 아닌 한 몰라서 못하는 경우도 있지만, 난감해서 표현을 못하는 경우도 많을 겁니다. 그래서 모르는 것과 난감한 것을 묶어서 오히려 아이를 꾸짖는 사람이 있어요. 별걸 다 묻는다면서 핀잔을 주는 게 잘못입니다. 어떤 사람은 아예 아이 머리를 쥐어박기도 한다는데요. 가능한 한 답해주고 정말 모르거나 곤란한 것은 모른다고 시인하고, 다시 확인해서 알려주겠다고 약속한 후, 사전을 찾든 질문을 하든 꼭 알려 줘야 아이가 더 좋게 성장하고, 어쩌면 이것이 천재되게 돕는 것일 수도 있죠. 질문을 못하게 하면 좌뇌가 개발되지 않는 것은 물론, 사교육비가 아무리 들어도 성적은 바닥이고, 아이는 불행해지고요. 끔찍한 악순환이지요.

21세기는 창조시대

이제 왜 우리가 그렇게 우뇌가 많은지 짐작이 가죠. 첫째는 수 백 년, 수 천 년 간 우리는 어른들의 세상이었기 때문입니다. 오죽하면 방정환 선생님이 어린이날을 정하셨을까요? 오랜 유교적 풍습에 빠져 성장과정에서 애들이 기를 못 폈다고요. 요즘은 너무기를 살려서 고삐 없는 송아지 수준이 되어 걱정이지만 기 살리는 것과 좌뇌를 개발하도록 돕는 것은 달라요. 지금 젊은이들은 아이들을 방치하는 것이 많아 오히려 아이가 차분하게 생각하며 분석하는 경험을 가질 겨를이 없어요. 이래서 우리는 우뇌 형이 많고, 오히려 그것이 21세기에 막대한 자산이 되고 맙니다.

우리가 과학기술분야에서 세계적으로 탁월한 면도 있지만 예능이나 체능 분야에서 탁월한 경우가 더 많아요. 케이 팝이 극히 단기간에 세계를 흔들고, 짧은 역사에 우리의 영화나 드라마가 팔리는 것 등도 우리 민족의 우뇌 탁월성을 증명하는 것입니다. 오페라 심청전이 유럽을 흔들고, 발레 심청전은 러시아마저 기립박수에 혼을 빼놓았어요.

지금 우리 젊은이들이 자라는 환경에서 자신의 천부적인 재능이나 끼를 제대로 발휘할 수 있게 된 아이들은, 학교성적도 기가 막히지만, 음악, 디자인, 운동 등 주로 창조분야에서 상상을 초월할 정도로 탁월하여 얼마나 다행스럽고 고마운지 몰라요. 21세기는 창

순 우리 것의 매력

조의 시대이므로, 우뇌시대이고 5천년 연마된 우리의 재능이 꽃을 피우고 열매를 따는 때입니다! 지금 막 그 문에 들어왔고 무대에 막 이 올랐으니 크게 기대해도 됩니다.

모든 아이가 다 최소 3억대 1의 경쟁을 이긴 천재입니다. 그리고 부모들은 실제로 천재라고 불러줘야 되고요. 어떤 사람은 오히려 일부러 그렇게 하는 사람도 있어요. 그 중 한 사람이 바로 일본 소프트 뱅크의 회장 손정의의 아버지 입니다. 그분은 아들이 어렸을 때부터 너는 천재니까 이담에 어른이 되면 정말 큰일을 할 것이며 대단한 인물이 될 것이라고 했고, 실제로 뒷바라지도 그렇게 했어요. 그분이 그렇게 한 것은 재일동포로 살면서 워낙 서러움을 많이 당해서 아들을 통해 한 풀이를 하려했대요.

그래서 손정의는 고등학교 때 미국으로 유학을 갔고 학생시절에 이미 사업을 시작했어요. 그가 일본에 돌아와 작은 사무실을 얻어 개업을 할 때 직원 3사람 앞에서, 자기는 사과 궤짝을 놓고 올라서서 조회사를 했는데, 3천명으로 생각하고 했다고 해요. 오늘날 그를 만든 것은 순전히 그분의 아버지라고 해야 되지 않겠어요.

이제 학교성적이 나쁘더라도 절대로 머리가 나쁘다거나 바보라고 하지 말고, 어떤 분야인지는 잘 몰라도 천재라고 해야 됩니다. 그리고 가능한 한 일찍 그 아이가 어떤 분야를 잘 하도록 태어났는지 확인해서 너는 그 분야의 천재라고 불러줘야 돼요. 이 권유를 절대 주저하지 말기 바랍니다. 말을 씨로 심는 거니까요. 천재를 천재라고 하는 것이 뭐가 잘못인가요? 하늘이 그를 보낼 때 반드시 그가 그것으로 세상에 기여하고, 그것으로 밥 먹고 살 수 있는 것을 줘서 보냈지, 절대 그냥 보내지 않았거든요.

그러니까 아이더러 천재라고 하지 않는 사람은 우주와 자연법칙을 어기는 죄를 짓는다고 생각해야 됩니다. 그 벌은 아이와 부모가 동시에 받을 것이니까(바이블은 사람을 바보라고 하면 지옥에 간다고 했다. 마5:22), 행복하려면 처음부터 천재라고 해놓고, 자라는 동안 타고난 분야만 확정하면 증명이 됩니다.

아이가 타고난 분야를 아는 것은 늦어도 초등학교 졸업 전에 끝내야 되고 또 알 수도 있습니다. 대체로 4학년부터 알 수 있고 이른 경우는 아주 어릴 때부터 드러나기도 해요. 예를 들어 3살에 피아노를 치거나 바이올린을 켜는 아이도 있는데 그런 경우는 극히 드문 경우지만 확실히 자기 분야를 나타내는 것이 맞아요. 타고난 분야를 아는 것은 그가 어릴 때부터 어떤 장난감을 좋아하고 어떤 것에 관심이 많은지 눈여겨보면 쉽게 알 수 있어요. 장난감도 아주 어릴 때는 몰라도 2돌만 지나도 스스로 고르게 하는 것이 좋고 달라는

누가 얘를 바보라고 할 수 있나?

것을 주는 것이 더 좋아요. 살 수 있는 돈의 한계 내라면 종류나 색상이나 그가 고르는 것으로 주는 것이 옳아요. 옷이나 신발도 그가 고르는 것을 갖게 해야 훨씬 더 빨리 자신의 경향을 드러내게 되니까 더 좋지요. 좋거나 비싼 것이라고 생각 없이 사기보다는, 위험하지 않고 위생에 이상이 없는 한, 아이가 선호하는 것을 주는 것이 바람직해요. 그래야 그가 어느 분야의 천재인지 더 일찍 알 수 있으니까요.

사람의 행동은 3가지가 합해야

　몇 해 전 KAIST에서 세계적인 로봇천재가 자살을 했지요. 자살이유에 설이 많았습니다만, 확실한 것은 미적분강의를 영어로 들어야 하는 부담이 컸다는 것이래요. 그렇다면 교수들이 공범이라고 할 수도 있어요. 미적분영어강의를 듣는 것은 아무리 열심히 해도 단 기간에는 안 되거든요.

　학교는 수학과 영어 예비과정을 두고 연습시켰다고 했습니다만, 연습과정이 최소 2년이나 3년은 되어야 그가 어려움 없이 미적분 강의를 영어로 이해할 수 있었을 겁니다. 그런데 불과 한 학기의 예비과정을 거쳤으니 될 수가 없지요. 미적분 방정식 풀기나 영어강의를 듣고 이해하기는 다 지적기능(知的技能)이기 때문에, 반드시 기초부터 수많은 연습으로 숙달되어야 가능해요. 그냥 알면 되는 지식이 아니라고요. 2에다 5를 더하면 7이 되지만, 곱하면 10이 된다는 것을 아는 것은 지식입니다. 그러나 그게 왜 그렇게 다른지 수학적으로 증명하는 것은 기능입니다.

　배움 기계라는 아기들도 말을 좀 하려면 무려 3년이나 걸려요. 말하는 것도 지적기능이라 그래요. 아기는 다른 소리를 들으면 금방 뇌 세포 간에 시냅스가 생겨서 그 다음에 그 소리가 들리면 쉽게 알 수 있어요. 그런데 이것이 만 6세가 넘으면 점차 둔해져서 새로운 소리를 들어도 신경망 형성이 활성적으로 되지 않는답니다. 즉 성장하면서 점차 배움의 문이 하나씩 닫히기 때문이래요. 어른이 된 뒤에는 거의 개발이 안 될 수도 있다고 해요. 어릴 때 외국어를 배우면 뇌에서 모국어와 같은 부위에 저장되는데, 어른이 되어 배우면 다른 부위에 저장된대요. 그러니까 덜 자연스럽고 효과가 적은 거죠. 그러니 그 학생에게 영어로 미적분 강의를 이해하게 하려면, 영어와 수학 다 기초부터 아주 조직적으로 순차적으로 연습시켜서 숙련도를 높여야 가능해요. 혹시 한국말로 강의를 했으면 부담이 절반으로 줄었을 것입니다.

교육은 "사람이 덜 바람직한 데서 더 바람직한 데로 변화되고 그것을 삶에 적용하여 삶이 더 나아지도록 돕는 과정"이라고 해요. 그러니 변화되어야 할 것과 적용해야 할 것, 즉 삶을 위한 행동을 더 낫게 하는 요소를 확인해서 그것을 더 낫게 가질 수 있게 해야 되는 거죠. 사람의 일상적 행동과 특별한 일을 하는 행동은 몇 가지 요소가 합해야 나와요. 즉 어느 경우이든 공통요소는 "지식과 기능과 태도와 환경의 압력"이 합해야 행동을 할 수 있어요. 그 학생은 미적분 강의를 영어로 듣고 이해하여 더 나은 능력으로 로봇을 설계하면서 더 행복해지기 위해서는, 그 행동을 하는데 필요한 지식과

더 좋게 해야

기능과 태도를 가져야 했다고요.

　　그 학생이 로봇설계를 하거나 사람이 보통 행동하는 능력은 "지식과 기능 및 태도"로 나누어져요. 지식은 아는 것이고, 기능은 할 수 있는 것이며, 태도는 마음가짐이라고 해요. 지식은 기억해서 아는 것과, 이해해서 아는 것 둘입니다. 기능은 머리로 할 수 있는 것과 신체로 할 수 있는 것, 또 사람과 사람사이에서만 할 수 있는 것 셋이고요. 태도는 마음가짐인데 남을 인정하는 태도와 무엇에 헌신하는 태도, 그리고 기존의 것을 수용하는 태도로 나누어집니다. 로봇천재가 로봇을 설계하는 능력은 순전히 지적 기능이고, 그가 미적분 강의를 영어로 듣는 것도 지적기능입니다. 그게 무엇이고 어떤 관계가 있는지 다른 예를 봐요.

　　자동차를 안전하고도 유연하게 상황에 맞게 운전을 잘 하려면 어떤 능력이 필요할까요? 실제로 자동차 운전을 해본 사람이면 거의 감이 잡힐 것입니다. 감이 잡히는 것은 바로 이해도 되고 기억도 되며 그것이 지적 기능으로 행동할 수도 있게 된 상태입니다.

기능은 연습

• 기억해서 알아야 될 것은 자기 차의 성능과 특성 및 교통법규나 표지판 등입니다. 이해해서 알아야 될 것은 당시의 교통상황이나 목적지에 대한

길의 종류와 그 길이 어느 시점에 덜 막히고 더 막히는지 판단하는 것 (지적 기능에 가까움) 등이고요.

• 기능은 신체적으로 할 수 있어야 되는 것으로 핸들조작이나 발로 브레이크 페달을 밟아 차를 정지시킬 수 있는 것 등이지요. 또 운전하는 사람들에게 양해를 구하고 끼어들기도 할 수 있어야 되는데, 이를 사회적 기능이라고 하면 됩니다. 또 머리나 정신으로 할 수 있어야 되는 것은 차선 변경이나, 추월 시점을 착안할 수 있는 것 등이고, 시간대별로 덜 밀리는 길을 찾아내는 것도 지적 기능입니다.

• 안전운전에서 가장 유의할 것은 바른 자세라고 봐요. 양보하는 마음, 오로지 전방을 주시하는 태도, 그리고 가능한 한 법을 지키려는 마음 등이지요. 대체로 사고는 준법운행을 하지 않을 때 많이 나니까 사고는 순전히 태도 때문에 난다고 할 수도 있어요. 보복운전이 흔한 것은 사람의 태도가 남을 인정하지 않기 때문에 그래요. 기본이 잘못된 것이지요.

그런데 여기서 유의해야 할 것은 우리가 이것을 전혀 구분하지 않기 때문에 불행을 겪는다는 것입니다. 자동차 운전할 때는 다 아는 것이지

반드시 연습해야 가능!

만, 핸들로 방향을 잡거나, 주차를 하거나, 빨리 달리면서 차선을 바꾸고 적당한 거리에 정지하는 것 등은 순전히 신체적 기능과 지적 기능이 합해서 나오기 때문에 연습을 많이 해야 돼요.

그러니까 필기시험은 3일 만에 합격할 수 있어도 주행은 2주간 이상 연습해야 되고요. 카이스트 학생이 미적분 영어강의를 몰라 힘들었던 것은 둘 다 지적기능이기 때문에 도저히 안 되는 것이었습니다. 정말로 이것은 아무리 밤을 새워도 단 기간에는 안 돼요. 반드시 일정시간 연습을 해서 숙련도가 높아져야 가능해요. 그냥 아는 것은 금방 될 수도 있지만, 실제로 수학문제를 푸는 것은 수없이 반복 연습해야 응용력이 생기는 것도 같아요. 영어도 동일한 지적기능이기 때문에 수없이 반복 읽고 듣고 써봐야 가능하고요. 시험 준비를 할 때도 사회나 생물은 당일치기가 가능하지만, 수학 영어는 절대 당일치기가 안 되었지요. 미적분을 영어로 들으려면 우선 영어가 들릴 만큼 숙달되어야 하고, 미적분을 이해할 만큼 선수과목을 다 마스터해야 돼요.

이런 상황판단도 지적 기능

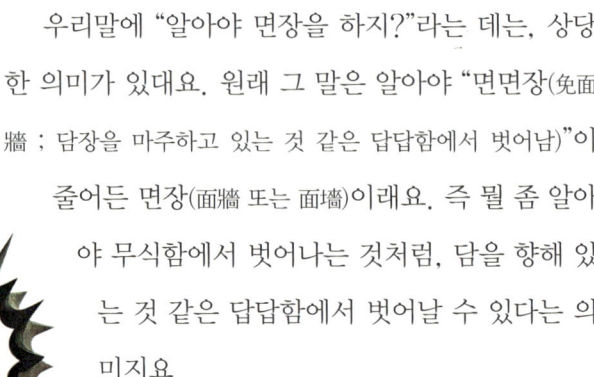

수많은 연습결과

우리말에 "알아야 면장을 하지?"라는 데는, 상당한 의미가 있대요. 원래 그 말은 알아야 "면면장(免面牆 ; 담장을 마주하고 있는 것 같은 답답함에서 벗어남)"이 줄어든 면장(面牆 또는 面墻)이래요. 즉 뭘 좀 알아야 무식함에서 벗어나는 것처럼, 담을 향해 있는 것 같은 답답함에서 벗어날 수 있다는 의미지요.

이때의 면장은 사람인 면장(面長)을 가리키는 말이 아니라 몰라서 답답한 상황을 벗어난다는 의미로 좀 어려운 말 같아요. 이 말은 논어에 나오는 얘기로, 공자가 자기 아들에게 "공부하고 익혀야 담장을 마주하고 있는 것 같은 답답함에서 벗어날 수 있다"고 가르친 데서 유래한 말이래요.

엄마 아빠 제가 왜 이렇게 복잡한 것을 장황하게 얘기하는가 하면요. 정말로 우리는 간단한 것도 한 번 더 생각을 않기 때문에 면장도 못하는 경우가 많아요. 다른 목적도 있지만 제발 머리 좀 쓰고 공부도 하시라는 의미에서 일단 그런 사실을 알려드리려고 이 얘길 했어요.

"평양감사도 제 싫으면 못한다!"는 우리 속담은 다른 능력은 다 있어도 할 마음이 없으면 못한다는 의미지요. 그만큼 어떤 일을 하는 데는 반드시 알고, 할 수 있으며, 할 마음이 다 갖춰져야 됨을 인정해야 돼요. 그런데 중요한 것은 이것을 자기의 것 즉, 능력이 되게 하려면 그 습득 방법도 다르단 사실을 알고 애들에게도 달리 적용할 것을 부탁드려요.

지금의 공부 방법은 거의 지식 중심으로 전달하거나 알려주고 그것을 기억하거나 이해하는 식으로 하는 것이 참 많아요. 그런데 사람의 능력은 기능이 더 많아요. 행동이 나오려면 아는 수준이 아니라 할 수 있어야 되거든요. 아이들이 제대로 하려면 스스로 연습하는 시간이 많아야 되는데 국영수도 학교와 학원과 과외에 맡길 뿐 실제로 기능을 연습하는 기회가 없어서 아무리 돈을 많이 쓰며

유일한 붓

장시간 해도 자기 실력이 안 돼요. 우리 학생들은 국영수 감상만 할 뿐 실제 연습은 않는 바보짓을 해요. 그러니 십 수조원이 넘는 사교육비만 썼지 애들 실력과 행복지수는 안 올라요.

그의 전문영역이 무엇이든 반드시 할 수 있는 수준이 되게 연습해야 돼요. 영어나 수학 또는 노래하고 춤추고 그림을 그리거나 운동을 하는 것은 다 기능이므로 반드시 1만 시간이상 연습해야 그 분야의 전문가가 될 수 있다고 해요. 그리고 자신 있게 하려면 고등학교 졸업 때까지 1만 시간이 넘게 하는 것이 가장 좋고요.

제발, 학교성적에 목매지 마십시오!

아직도 우리는 학교성적이 높아야 머리가 좋다고 하고, 국영수를 잘 해야 천재라고 하며, 춤을 잘 추거나 그림을 잘 그리거나 노

래를 잘 하고 운동을 잘 하면 쉽게 머리가 나쁘다고 하는 경우가 있어요. 예를 들면 박지성은 축구천재, 박태환은 수영천재, 김연아는 피겨 천재, 보아는 노래 천재, 손연재는 리듬체조 천재라고 해야 되는데 그렇게 안 하니 안타깝죠.

우리에게는 반기문 같은 분이 있어서 유엔 사무총장으로 국위를 선양하게 되어 참 다행이지만, 앞의 예는 10대 20대에 이미 세계에다 한국을 알린 천재들이잖아요. 정말 고마운 천재들이라 자랑스럽죠. 따라서 우리에게 절실히 필요한 지름길은 남과 전혀 다른 자신의 것을 빨리 찾아 그 분야의 전문가 또는 그 분야의 천재가 되게 하는 거예요.

특히 한국 사람은 우뇌 형이 더 많고, 우뇌 형은 예능이나 체능 등 창조분야에 탁월하므로 통합, 통섭, 퓨전이 대세인 미래에 극히 희망적이라고요. 그러므로 어느 때보다도 더 빨리 아이가 어느 분야의 천재인지 그것을 찾아서 잘 활용하도록 도와주는 것이 부모의 역할입니다.

어릴 때는 모르니 처음 3세까지는 우뇌자극을 많이 주는 것이 좋아요. 도덕과 윤리 선악의 기본도 이때 생기거든요. 학습 자극은 어리면 어릴수록 더 효과적이고, 생일을 한 번 지날 때마다 기회의 창은 하나씩 닫혀서 학교에 들어가는 연령이 되면 다시 열리지 않는다고도 해요. 만 5세까지 개발 되지 않은 시냅스는 영원히 개발되지 않을 수도 있다고 하거든요.

아이에게 필요한 언어와 윤리도덕의 기초, 오감의 자극, 예절 등을 가득 채워야 좋아요! 우뇌가 사람을 사람답게 만든다고요. 무엇보다 먼저 온전한 사람을 만들어야 본인도 행복하고 사회에 기여

우뇌가 잘 할 수 있는 것

하며 살아요.

　미래는 창조시대이므로 사실은 우뇌형이 훨씬 더 유리해요. 정해진 답을 잘 찾아 학교성적이 높은 것을 너무 좋아할 필요가 없다고요. 그러기 위해 돈 쓰고 애 잡아가며 학원 여러 개 보내지 말고, 오히려 재미와 아름다움과 새로운 것을 잘 찾아내도록 어릴 때 많이 놀리는 것이 가장 좋아요. 그래야 창조자가 된다고 해요. 최근 신경과학자들의 부탁이 있어요. 많이 놀리고 많이 재우고 운동 많이 하게 하라고요.

　그래서 초등학교 때는 75%를 놀고, 중학교 때는 50%, 고등학교 때 25%, 대학에서는 단 15%만 놀면서 열심히 해야 된대요. 학교성적이 필요 없다는 것이 아니라, 그것이 다가 아니므로 원래 그렇지 않게 태어난 아이를 억지로 성적 높이느라고 타고난 천재성을 버리지 말라는 부탁입니다.

　아인슈타인은 네 살 되도록 말도 제대로 못해 저능아라는 소리를 들을 정도로 부진아였대요. 학교에 입학을 시켰는데 제대로 적응도 못 하였고요. 그래서 성적표에는 이렇게 적혀 있었대요. "이 학

어린이 직업은 노는 것

생은 지적능력이 낮아 앞으로 어떤 공부를 해도 성공할 가능성이 없음"이라고요.

　　그러나 이런 성적표를 받고도 어머니는 얼굴을 찡그리지 않았답니다. 그리고 말했대요. "걱정할 것 없다. 남과 같아지면 결코 남보다 나아질 수 없다. 그러나 너는 남과 다르기 때문에 기필코 훌륭한 사람이 될 것이다"라면서 격려도 했답니다. 그래서 아인슈타인을 그렇게 천재로 만들었대요. 그가 스위스 공과대학에 낙방한 것도 사실이고, 재수한 것도 사실이라면 쉽게 믿어지지 않겠지요? 그러나 엄연한 사실이랍니다.

人場은 전적으로 부모의 책임!

〈울주군에서 계모에게 폭행당해 사망한 이양의 사인은 늑골 골절에 의한 장기 손상이다. 갈비뼈가 부러지면서 장기가 파손돼 숨졌다. 갈비뼈 24개 중 16개가 부러지거나 금이 간 상태였다. 박씨는 그 딸의 허벅지를 발로 차 뼈를 부러뜨리는 등 수년간 상습적으로 폭행해 온 것으로 나타났다.

박씨는 "식탁위의 2000원을 가져가지 않았다"고 거짓말을 한다는 이유로, 머리를 죽도로 때리고, 손바닥으로 수십 차례 때렸다. "30분 늦게 귀가했다"는 이유로 이양의 허벅지 부위를 수차례 발로 찼다. 이양은 허벅지 뼈가 부러져 두 동강이 나는 전치 10주의 부상을 당했다. 남편에게는 "계단에서 넘어져 뼈가 부러졌다"고 했다.

말을 듣지 않는다고 손을 들고 있게 했다가 남편과 말다툼을 벌였으며, 남편이 외출하자 이양을 욕실로 끌고 가 폭행하고, 급탕으로 물을 데운 뒤 샤워기로 손과 발에 뿌려 2도 화상도 입혔다. 남편에게 "아이가 모르고 뜨거운 물을 틀었다가 뎄다"고 했다.

아이를 이렇게 대한 부모

이양은 엉덩이 상처가 아물기도 전에 상습적으로 구타당해 엉덩이 근육이 없어지고, 만성 염증이 생겨 고통에 시달려 왔다는 의사 소견도 확보했다. "오늘 소풍만은 보내주세요"라고 애원하는 이양을 또다시 옆구리를 발로 차고 때려, 이양이 "허리가 아프다"며 비틀거리면서 쪼그려 앉자 박씨는 병원에 데려가지 않고, 이양의 몸에 난 멍을 없애기 위해 따뜻한 물을 채운 욕조에 들어가도록 했다. 이양은 호흡 곤란과 피하 출혈로 의식을 잃고 물속에 빠진 채 숨졌다. 박씨는 당시 남편으로부터 전화가 왔을 때 "(딸이) 소풍 갔다"고 거짓말한 이후, "목욕을 하다 딸이 숨졌다"고 거짓 신고를 했다.〉(조선일보, 20131030)

엄마, 아빠, 숨이 막혀 말이 안 나와요! 계모도 나쁘지만, 아빠가 어떻게 이럴 수 있어요? 원래 심술 많은 계모라고 해요. 100번 양보해 아이가 손버릇이 나쁘다고 하고요(결코 그렇지 않지만), 그리고 아빠가 일에 바빠 무심했다고 해요. 그렇다고 아이를 이렇게 때려죽일 수가 있어요? 흉악범도 이렇게 잔인하게 죽이진 않아요! 아버지는 8살이나 되는 딸과 진심 통하는 말 한 번 할 틈도, 관심도 없었어요? 이게 무슨 아빠고 엄마예요? 어떻게 부모가 이럴 수가 있어요? 사람을 만드는 것은 전적으로 부모가 책임져야 돼요. 세상에는 아무도 스스로 계획해서 온 사람이 없지요. 부모의 계획대로 다 된 것은 아니지만, 일단 부모가 생명의 씨앗을 주어서 하나의 생명체가 되었고, 환경에 적응될 만큼 태중에서 자라고 태어나게 도왔어요. 그것만으로도 감사해요!

태어나는 것도 부모나 자신의 맘대로 언제 어디서 난다고 선택

자식은 부모의 행동을 따른다

한 대로 되는 것도 아니지요. 부모도 정확한 시점도 모르게 일방적으로 당하는 경우도 많지만, 어떻든 인생의 최초 출발은 부모가 하게 하므로, 부모가 사람이 되게 하는 모든 책임을 지는 게 당연하죠. 그게 또 자연이 부모에게 준 제1의 사명이고요. 자식을 잘 키우는 것은 선택이 아니고 반드시 수행하고 가야할 제1의 필수 의무라고요. 부모가 전적으로 책임져야 할 과학적 근거가 다음과 같습니다.(윤소영 역, 상식 밖의 유전자)

"유전자는 조작될 수 있다. 유전자는 지능에 영향을 미친다. 부모의 식습관이 자녀와 손자의 유전학적 프로그래밍을 변화시킨다. 당뇨병과 같은 건강문제에 영향을 미친다. 환경신호에 부응해서 유전자들의 작용방식을 변화시켜 양육이 본성을 이끌기도 한다. 유전자와 환경이 함께 작용하므로 양육을 통해 본성이 영향을 받는다. 본성은 양육을 통해 양육은 본성을 통해 작용하여 사람의 성격과 소질, 건강, 행동을 형성한다. 특수한 소질을 가지고 태어나도 성장환

까치 3대

경에서 그것을 개발할 기회가 주어져야 탁월하게 된다. 유전자가 영향을 미치지만 결정하는 경우는 거의 없다. 모유를 먹은 아이가 평균적으로 지능지수가 더 높게 나왔지만 특수한 유전자가 있을 때만 그랬다."

아무리 부모가 탁월해도 그것이 유전되어야 하고, 또 생후 성장과정에 계속 그것이 개발되고 향상되도록 자극이 주어져야 아이도 탁월하대요. 그러므로 부모가 아이의 디자인에 포함한 내용이 지속적으로 개발향상 되도록 일관성 있는 환경을 제공해야 그대로 되니까, 반드시 후천적 최적화를 기해야 된단 말입니다. 그래서 최소한 자식이 성장하여 스스로 자신의 일을 결정하고 책임질 수 있을 때까지는 부모가 100% 책임을 져야 돼요!

사람의 제일 첫 사명이 부모 됨이다!

누가 뭐래도 사람의 제일 우선 사명이 부모 되는 것입니다. 반드시 자식을 낳고 키워야 된다고요. 필수사항입니다. 미혼이라면 면할 수 있으나 기혼자는 결코 피할 수 없어요. 생명체의 본능이고, 사회인의 기본입니다. 생식기능을 수행하지 않으면 인류는 소멸해요. 그래서 첫 사명입니다.

그러다보니 사람의 씨와 그 씨가 싹이 나게 한 토양이 바로 부모지요. 사람에게 재생산 기능을 부여한 것은 종족보존이상의 사명을 이행해야 하므로 누구든 생식기능이 정상이면, 반드시 그 기능을 활성적으로 수행해야 여러 면에서 더 건강해져요. 즉 가능한 한 많이 낳아야 자연이 준 사명을 다하는 거예요. 또 유의할 것은 물리적으로 씨앗인 정자와 토양인 난자가 만났다고 해서 다 수정되는 것이 아

가장 평화로운 때

니라, 반드시 자연이 허락하는 정보-에너지장이 작용하고 투입되어야 가능해요.

수정란의 발생방향과 분화의 정도 등 모든 것은 수정란의 배후에 있는 정보-에너지장이 좌지우지 한다고 해요.(강길전, 양자의학) 이때 아주 맑은 영이 깃들도록 부부는 최상으로 구별된 합궁을 실천해야 된답니다. 자식에게 이보다 큰 선물은 없대요.

태중 10개월도 전적으로 부모책임이다

이 경우에는 다른 사람이 영향을 미치기가 극히 어렵지요. 태중의 아이에게 다른 사람이 어떤 영향을 주는 것이 불가능한 것은 아니지만 결정적일 만큼 크지는 않아요. 태교란 아기가 태어난 후 자신이 적응되어야 할 환경을 익히는 기간이므로 인적 물적 시간 공간의 환경에 익숙해지게 해야 된답니다. 아이에게 공부를 시키는 게 아니라 스스로 잘 하도록 영양과 안전한 환경과 필요한 자극만 주면 자신이 다 알아서 해요. 생후 훌륭한 선생님에게서 10년간 잘 배운

맹모삼천도 의미 커

것보다 더 나으니까 이 얼마나 좋은 기회인가요? 학원비 과외비를 한 푼도 안 내고 아이에게 짜증이나 꾸중 한 번도 안 하게 할 수 있는 기회를 주셨으니 춤을 추면서 해야 되겠지요.

생후 부모가 성장 환경을 좌우한다

엄마 아빠 사람은 태어나면 지금 저처럼 100%의존 상태지요. 돌봐주는 사람이 없으면 도저히 살 수도 정상적인 사람으로 자랄 수도 없어요. 가장 기본인 의식주가 불가능해요. 갓난아기는 젖을 빠는 것과 울고 배설하는 것 외에는 아무 것도 못하니까, 순전히 부모가 돌봐야 되지요.

그래서 아기의 성장 환경은 전적으로 부모의 책임입니다. 자신이 능동적으로 할 수 있는 것은 없지만, 주어지는 모든 자극을 스펀지가 물을 빨아들이듯 다 받아들이므로, 이때 부모는 정말로 필요한 자극을 세심하게 주어야 된대요. 반드시 최초에 설계한 내용이 이루어지는 자극을 삶으로 보여주거나 체험하게 해야 된답니다. 최근에

일하는 엄마가 많아 영아 때부터 어린이 집에 가는 경우가 많은데 이때 특히 유의해야 할 것이 있어요. 이 기간에 일생을 좌우하는 결정적 바탕을 깔거든요.

아이들은 행동을 보고 배운다

첫째, 반드시 한 사람이 고정되어 3세까지는 돌봐야 된대요. 만약 이때 여러 사람이 아이를 맡으면 아이가 결정적인 기본적 애착관계가 형성되지 않아서 일생 불안정한 상태가 지속된다는 군요.

둘째, 그렇기 때문에 부모나 가족이 돌보지 않고 다른 사람이 하더라도 설계된 내용과 가풍 등을 공유해서, 남다른 특정 문화가 자연스럽게 습득되게 특별히 유의해야 된답니다.

부모가 첫 선생님이고 첫 모델이다

엄마, 제가 게걸음 얘기 해드릴까요? 어미 게가 아기 게에게 예쁘게 걷기를 가르치려고, 아주 주의해서 자세를 아름답게 하여 우아하게 걷는 시범을 보이고는, 아기에게 걸어보라고 했어요. 아기는 엄마가 걷는 대로 조금도 흐트러지지 않고 아주 똑 같이 우아하게 엄마보다 훨씬 더 예쁘게 걷고는 엄마의 칭찬을 기다렸어요. 그런데 엄마는 칭찬은커녕 아기에게 자꾸 다시 더 바르게 걸으라고 엄하게 요구하셨어요. 그리고는 엄마가 먼저 또 우아하게 걸어보였어요. 물론 아기도 엄마와 똑 같이 걸었지요. 엄마는 또 "얘, 넌 왜 자꾸 옆으로 걷니? 바로 걸으란 말이야!"하시며 얼굴을 찡그렸어요. 드디어 아기는 너무 지쳐서 그만 울음을 터뜨렸어요. "엄마, 난 엄마가 걷는 대로 따라했어! 내 맘대로 걸은 게 아니야! 나도 엄마처럼 걸을 수밖에 없어!"하면서 엉엉 울었대요.

부모는 생명을 주었고, 의식주를 책임지기도 하지만, 인생의 최초 선생님이고 최고의 모델입니다. 아이는 부모의 등을 보고 자란다는 말이 있어요. 부모는 자식의 선생이고 모델이지만 말로 무엇을 가르치는 게 아니고 순전히 삶을 보여주어야 된다는 겁니다. 순전히 행동과 실천이란 말이지요. 아이가 미래에 하지 말아야 할 것을 해서는 안 되고, 반드시 아이가 되기를 바라는 대로 부모가 그렇게 살아야 된대요. 그렇게 직접 살 수 없는 경우는 직접 체험이나 간접 체험을 하게 해야 된다고 합니다. 예를 들어 강수진 같은 발레리나가 되기를 바란다면, 부모가 보여줄 수 없으니까, 뭔가를 인식할 때부터 공연이나 영상자료라도 보는 자극을 줘야 된대요.

세상을 보는 눈도 부모가 만들어준다

한 사람의 인간됨은 태어날 때 가지고 나는 것과 자라는 환경과 성장 후 자신의 지속적인 창조활동에 따라 형성되고 유지되며 계속 변해갑니다. 사람은 완성이 없대요. 계속 성장하고 발달되게 되어 있대요. 심지어 최근 세대의 평균 아이큐가 이전 세대보다 더 높게 나온다고도 해요. 또 사람의 뇌 지도는 고정되어 있는 게 아니라 계속 변해간대요.(한태영 역, 넘치는 뇌)

세상을 보는 눈이란 바로 사람이 갖는 기본 가치관 또는 태도

아름다운 가을 단풍

나 정신자세라고 하면 돼요. 외부의 것을 보고 판단하거나 받아들이는 틀과 기준과 관점이라고 해도 되고요. 사람은 같은 것을 보고도 다 같이 보는 게 아니라 자신이 가진 태도나 자세에 따라 다르게 본대요. 한 사회나 지역에 따라 달리 보기도 하지만 대체로 가정에서 자랄 때 형성된 대로 보는 경우가 정상이고, 그 눈이 계속 변한답니다.(승현준, 커넥톰, 뇌의지도)

성인이 된 후나 책을 읽고 남의 말을 들어서 달라지고 변하기도 하지만 최초에 형성된 기본자세는 무서울 정도로 확고하다고 해요. 모든 것을 긍정적으로 보거나 부정적인 것이 있어도 그중에서 더 좋은 것을 선택해서 그것만 보고 다른 것은 그냥 버리는 경우도 있다고 해요. 반대로 모든 것을 다 부정적으로 먼저 보고 사사건건 트집을 잡기도 한다는 군요.

예를 들어 한국은 4계절이 뚜렷해서 굉장히 아름답고 좋게 볼 수 있고 이런 나라에 사는 것을 행운으로 알고 감사할 수 있어요.

그런데 이것을 감사하기보다 트집을 잡는대요. 왜 그렇게 추운 겨울과 찌는 여름이 있어 사람 괴롭히느냐고 투정을 부려요. 겨울이 없으면 굳이 슬슬한 가을과 꽃가루 날리는 봄도 없을 거라고 불평하는 사람이 있다 그래요.

우리가 사는 환경에서 주어지는 모든 것은 다 우리의 삶을 풍요롭게 하려고 주어진 것으로 보면 한 없이 감사할 따름이고 실제로 그렇거든요. 이런 기본가치관은 순전히 부모를 통해 만들어지는 경우가 가장 많고 그것이 또 그렇게 확고하대요. 그러니 부모가 인장에서 잘 형성해야지요.

지속적 자기창조 타력(습관)을 부모가 만들어준다

사람의 가치 중에서 가장 중요한 것은 계속 성장하는 것이라고 할 수 있습니다. 예를 들어 지금 우리사회가 노령화된다고 걱정하는 것도 쓸데없는 걱정일 수 있어요. 기계는 노후화되면 쓸모없지만 사람은 늙을수록 가치가 더한 것이 정상이거든요. 성인 후 스스로 선택해서 자신의 가치를 향상시키는 것도, 세상을 보거나 그 환경에 적응하는 태도를 초기에 부모가 형성해주는 영향이 커요. 성장하면서 학교나 친구 등을 통한 배움에 따

반드시 어릴 때 보여줘야

라 변하는 것이 당연하지만 자신이 가진 고유의 파동과 기본 가치관은 크게 변하지 않아요. 흔히 팔자소관이라는 것은 다 타고나는 고유의 파동과 아주 어린 시절에 자기 것이 된 경향입니다.

나이가 들수록 노익장을 과시하는 사람도 참 많지만 이제 근육의 힘을 주로 하는 사회가 아니기 때문에, 배움과 일을 계속하는 한 오히려 젊을 때보다 가치가 더 나아지는 것이 정상입니다. 생명체의 존재목적에 충실하여, 개인의 욕심을 버리고 공생을 지향하고, 주위에 기여하며 사는 한, 반드시 최상의 사람이 될 수 있어요.

공자, 슈바이쳐, 테레사 수녀, 김교신, 손양원, 김수환 등은 삶으로 이를 증명한 선배들입니다. 논어(위정편)에 보면 공자는 계속 공부하고 일했더니 70이 되니까, 자신이 하고 싶은 대로 다 해도 윤리나 도덕이나 법규에 일체 저촉됨이 없었다고 했어요. 그런데 사람들의 일반적 성향 중 하나 나쁜 것이, 일단 삶이 안정권에 들어가면 다시 배우기를 중단하고, 그냥 놀고 싶고 편하게 지내기를 좋아한대요. 새로운 자극이나 긴장이 없이 정지 상태를 만드는 거죠. 그것은 곧 동물의 특성을 버리고 식물로 전환되는 것과도 같아요. 그러면 점차 퇴화하거나 급격히 정신력이 하향해요.

그러니 부모가 자신의 분야에서 계속 가치를 향상시키는 모범을 보이면서, 삶은 생물의 특성상 계속 자라야 하는 것을 실천으로 보여야 돼요. 이것은 12세 전에 형성되어야 일생을 지속할 수 있으므로, 반드시 부모가 보여줘야 자식들이 저절로 따라가게 되겠지요.

반드시 적용해야 할 필수 자연법칙

사람은 반드시 환경의 지배나 영향을 받기 때문에 거기에 적응되어야 하지요. 자신이 환경을 바꿀 수 없다면 자신에게 유익하게 활용하는 것이 가장 좋을 겁니다. 태양이나 공기 물 기타 자연환경 등은 반드시 필요한 것이라 항상 의식하고 감사하며 순응해야 돼요. 사람의 신체에 주어진 생체특성 중에 개방체계(Open system), 열역학 제2법칙(Entropy), 생체의 항상성(Homeostasis) 유지, 가소성(可塑性; Plasticity)이라는 것들이 있는데 환경에 제대로 적응되려면 반드시 이 법칙을 지키고 거기에 순응해야 된대요.

개방체계(Open system) 특성 준수

개방 체계란 어떤 것을 받아 들여서 가공하고 그것을 다시 밖으로 내보내는 활동을 반복하는 체계를 말하죠. 체계란 각각의 것이 일정한 원리에 따라, 한 목적을 향해 계통적으로 결합된 조직인데,

사람은 반드시 삶에 필요한 것 받아들여야!

사람의 몸이 아주 좋은 개방체계의 모델이기 때문에 그 특성을 반드시 적용하자는 것입니다.

- 외부에서 에너지를 받아들인다. 사람은 공기와 수분과 음식물과 문화 요소와 정을 받아들이지요. 신체와 정신과 정서와 영혼이 안정을 갖기 위해서 반드시 환경에서 받아들여야 돼요. 모르는 것을 배우는 것도, 그리운 인정이나 사랑을 받는 것도, 각종 상식이나 사회의 관행을 얻는 것도 다 여기에 해당하지요. 아무리 싫어도 자신의 외부에서 받아야 해요.

- 받아들인 것을 전환(가공)하여 새로운 산물을 만든다. 사람은 받아들인 음식은 소화시켜 영양을 흡수하고 에너지를 생산해 몸을 성장 또는 유지시키지요. 각종 정보나 문화 등도 받아들여 자신의 것으로 만들어야 돼요.

- 새로 만든 것을 반드시 밖으로 내보낸다. 사람은 탄산가스와 폐기물을 내보내요. 안 내보내면 죽지요. 또 반드시 남이 필요로 하는 새로운 가치를 만들어내야 살 수 있어요. 그 사회가 요구하는 예절이나 문화행동도 해야 되고요. 당연히 자신이 이룰 성과도 이루어야 해요. 지금 취업이 안 되는 것은 남이 필요로 하는 것을 줄 수 없기 때문이지요.

- 앞의 3가지 활동순환을 계속한다. 그게 먹고 소화시키고 배설하는 생명활동이지요. 이걸 안 하면 몸이 살 수 없고, 사회인으로 적응하기 위해서도 배우고 생각하며 좋은 성과를 계속 내야 된다고요. 조직에서는 실적이 없는 사람을 해고해야 조직이 유지되기도 해요.

- 소멸저항(Negative entropy) 작용을 한다. 사람은 쓸모 있고 가치 있는 사람이 되기 위해, 반드시 신체적 정신적 가치 높이기 활동을 계속해야 돼요. 가치 없는 사람이 아니라 계속 가치를 인정받는 사람이 되게 해야지요. 즉 살기 위해 역엔트로피 작용을 해야 된단 의미입니다. 새것을 배우고 익히며 그것을 활용할 수 있어서 쓸모 있는 사람이 되어야지요.
- 정보를 선택적으로 흡수한다. 사람은 정보와 필요 물질 등을 반드시 잘 선택해서 유익하고 가치 있는 것을 받아들여야 돼요. 신체나 정신적으로 다 나쁜 것을 피해야 되고요. 순간적인 것도 중요하지만 길게 영향을 미치는 것은 더 유의해야 돼요. 사람에게 나쁜 것을 걸러야 해요.

- 안정 상태와 역동적 항상성을 유지한다. 사람은 내적 안정을 유지하며 외부환경에 적응되어야 살죠. 항상성이란 내부와 외부환경과의 균형 또는 평형관계를 말해요. 더우면 땀을 흘리는 것도 같은 현상이래요. 자신의 전문 분야에서도 경쟁력이 있으려면 항상 수준을 높여 외부의 요구에 대응해야 된다고요. 자기 분야의 항상성이 부족하면 직장에서 쉬 잘

50년 고객입맛 충족시켜 건재

려요.

- 분화작용을 한다. 사람도 정신적 수준이 높아지면 다양한 여러 가지를 알아야 하고 반드시 새로운 개념이나 가치를 창조해야 돼요. 당연히 자녀를 많이 가져야 하고요. 새로운 기능을 수행할 수 있게 되는 것도 개인이나 조직에 필수적이지요. 기본인 창조활동을 계속 해야 되고요.

- 통합과 조정을 적절히 해야 한다. 사람이 생존하려면 가문이나 단체에 통합되고, 그러려면 적절히 조정되어야 해요. 암세포는 통합되지도 조정되지도 않고 혼자만 살려다 다 죽여요. 이 말은 몸의 부분처럼 조직이나 집단의 일원은 반드시 전 조직의 목적에 순응하고, 그래서 자신에게 주어진 사명이나 역할을 그대로 수행해야 된다는 의미랍니다.

- 이인동과성(異因同果性)이 있다. 목표달성방법이 다수인 것은 개방체계에 대단히 중요해요. 동일한 목표를 달성하는 데 다른 여러 방법이 있으니까 다양하게 생각도 해야 되지만, 하나의 방법이나 자신의 것만 주장하면 안 좋다는 겁니다. 더 나은 것을 합해서 새로운 것을 만드는 지혜가 반드시 필요해요. 인장에서 아이를 키울 때 어른의 생각만 고집 마시라고요.

이 10개의 특성은 개인이나 조직이 생기발랄하기 위해서는 반드시 지켜야 돼요. 생존은 물론, 성장 발전하려면 실천하시라고요. 이 각각에 대해 사람들의 일상생활에 구체적으로 적용할 것을 나열하면 두꺼운 책이 돼요.

그러나 여기에서 가장 중요한 것은 우리는 모두 우주라는 기본

예쁜 구두는 수없이 많다

시스템에 속해서 자연의 섭리에 순응해야 된다는 것입니다. 그리고 그 시스템에 속한 하위 시스템은 다 어느 계층에 있든지 모두가 연결되어 있어 공동 운명체라는 것이고요. 또 한 시스템에 속해있기 때문에 연결되어 있어, 서로 돌보고 사랑하며 아껴야 하는 것은 물론, 서로 상대에게 반드시 기여해야 된다는 것도 시스템에 속한 숙명입니다.

열역학 제2법칙(Entropy)에 대비

물리에서 열역학 제2법칙이란 "모든 물질은 반드시 한 방향으로 흐른다."는 것인데요, 즉 쓸모가 있는 데서 없는 데로, 가치가 있는 데서 없는 데로, 질서에서 무질서로 흐르는 현상입니다. 물건이 낡고, 사람이 늙으며, 중고차 값이 떨어지고, 첫 사랑이 식어지고 정신이 해이해지는 것 등이 다 엔트로피 현상입니다. 예쁘던 사람이 나이 들었다고 박대당하고, 결혼 3개월 만에 이혼하며, 번호판만 달면 차 값이 떨어지는 것도 같은 현상이고요.

그런데 어제까지 새로운 지식도 오늘 아침에 보니 가치가 없어지는 경우도 흔히 있지요. 부모님들은 이런 것을 빨리 알고 애들에게 알려 낡은 것에 매달리지 않게 해야 하고, 정신이 풀어지지 않게 해줘야 된대요. 늘 새롭고 흥미로우며 긴장된 마

반드시 못 쓰게 된다

음으로 학습에 임하게요. 그런데 엔트로피 속도가 워낙 빨라서 아이들이 깨어있게 하려면 엔트로피 속도를 능가할 만큼 더 빨리 배우고 확인해서 아이들에게 영향을 주어야 된다는군요. 예를 들어 애들은 이미 너무 많이 들어 신물이 나거나 고전이 다된 유머를 내놓으면 애들은 에어컨 끄라고 난리를 치는 것과 같아요.

생체의 항상성유지기능 발휘

이 작용도 사람의 신체와 정신의 생명에 대단히 결정적이지요. 몸 내부나 외부의 어떤 영향으로 전신의 평형상태가 파괴되지 않고 유지되게 하는 것이거든요. 예를 들어 외부 온도가 높아서 몸이 받는 열을 빨리 식히기 위해 땀이 나야 체온을 내려가게 해서 정상적인 활동을 할 수 있는 것과 같지요. 그런데 체내 시스템이 고장이 나서 열을 배출하지 못하면 체온이 39도나 되어 생명이 위험하게 되잖아요. 외부 온도가 영하 20도나 되어 몸을 덮어 체온을 유지해야 되는데, 옷이 없거나 따뜻한 방이 없어 체온을 유지하지 못하면 생체.

의 항상성이 깨어져 동상이 걸리거나 아예 동사할 수도 있죠. 술 취한 사람이 동사하는 경우가 바로 이 현상이지요.

그런데 이 현상이 꼭 신체만이 아니라 사람은 정신 활동에서 항상성을 유지하는 것이 대단히 중요해요. 그 예가 지금은 디지털 시대인데 계속 아날로그 방식에 머물러 있으면 적응될 수 없는 것과 같지요. 지하철 표도 못 사고 버스도 현금을 내야하며, 전화도 제대로 못하고, 인터넷을 즐기거나 웹서핑은 꿈도 못 꿔요. 부모나 선생님들이 아이들에게 항상성유지를 위해서 해야 할 것은 직업의 변화나 사람들의 선호도나 사회의 트렌드 변화 등을 알려서 학생들이 미래에 잘 대비하게 하는 것입니다. 자라는 아이들은 아직 견문이 좁아 주위의 변화나 그 트렌드를 잘 모르거든요.

한스 셀리는 인체의 물리적 자극과 화학적인 변화 및 생화학적 변화는 물론 심리적 변화가 있을 때도, 자동으로 생체의 항상성이 작용하여 안정과 평형을 유지해준다고 했습니다. 수술이나 부상 등

항상성을 유지해서 이렇게 싱싱하다

의 물리적 자극, 인체의 단백질, 탄수화물, 지방질, 무기물, 비타민 등의 변화와 같은 화학적 변화, 그리고 통증, 출혈, 감염, 배고픔, 목마름, 성욕, 체온과 혈압과 맥박의 변화 등과 같은 생물학적인 자극, 또 심리적 불안, 공포, 불쾌감, 분노, 죄책감 등이 있을 때도, 인체는 항상성을 동원하여 본래대로 복원시키려는 기능을 행한대요. 이런 기능은 각 조직 및 장기가 갖고 있는 정보장의 기능이며, 여기서 정보장은 정보-에너지 장을 말한답니다.(강길전, 양자의학) 신체에 주어진 이런 본래의 기능을 정신에도 적용하는 것이 고상한 사람의 기본기능입니다.

가소성의 적극 활용

고체에 외부의 힘을 가한 후 그 물질이 변했을 때 힘을 제거해도 원래대로 돌아오지 않는 상태를 소성 또는 가소성이라고 하지요. 그런데 무생물 고체에만 가소성이 있는 게 아니라 사람의 신경 특히 뇌신경에도 가소성이 있어서 이를 활용해서 학습효과를 높이라는 것입니다. 사람의 근육이나 뇌신경이 갖는 가소성 때문에 교육 효과가 있어요.

부모와 선생님들은 아이들의 뇌신경에 대한 개인별 가소성 특성을 연구해서 대응해주면 학습을 많이 도와줄 수 있어요. 중요한 것은 가소성 때문에 포기해도 좋을 사람은 아무도 없다는 사실입니다. "야, 넌 구제불능이다!" 제발 이런 말은 안 써야 돼요. 부모와 선생님이나 사회적 시설이 필요한 것은 구제불능 같은 사람을 구제하기 위해서지요. 사람은 그 누구도 유일한 존재이므로 그 나름의 특성을 살리도록 도와야 된대요.

가소성 덕에 공부가 된다

　모든 사람이 다 타고난 자율성을 제대로 발휘해서 스스로 다 알아서 자신의 것을 척척 잘 한다면 선생님이나 지도자가 필요 없을 수도 있겠지요. 잘 가는 사람을 안내해서 더 잘 가게 하는 것도 부모와 선생님의 일이지만 꼭 도움이 필요한 사람에게는 구세주와 같아요.

　인장을 중심으로 한 사회는 다음 세대의 학습장이고, 배운 것을 활용하여 자신의 가치를 인정받는 적용 장이며, 학습강화의 장임을 실천해야 돼요. 그래서 사회의 제도나 문화 및 구성원들은 아이들이 배운 것을 적용할 수밖에 없는 장을 만들어야 돼요. 반대로 애들이 배운 것을 적용했더니 아무도 인정하지 않거나 배운 대로 하지 않아도 불이익이나 지장이 없다면 애들은 배운 대로 하지 않지만, 배움 자체를 부정할 수도 있거든요.

성취동기 높고 좋은 파동 일으키는 사람

좀 오래전 한국의 산악인 한 분이 어느 토요일 오후 스위스에서 알프스 산을 산보하듯 오르고 있었답니다. 산 중턱을 지나니까 바람이 불면서 눈보라가 치기 시작했대요. 산악인이니까 좀 빨리 걸을 수 있어 다른 사람들을 추월하여 부지런히 올라갔답니다. 그 때 갑자기 앞 쪽 멀리서 와자지껄 여러 사람의 소리가 들렸대요. 좀 궁금하기도 해서 걸음을 더 재촉해서 가보니, 한국인의 눈으로는 눈물겨운 정경이 펼쳐지고 있었어요.

초등학교 5학년 쯤 되어 보이는 남자아이들 몇 명과 아주머니 몇이 즐겁게 얘기하며 웃고 가는 것이었어요. 산악인은 속으로 저런 한심한 일이 있나 싶어 혀를 찼답니다. "엄마가 아무리 철이 없어도 그렇지, 이런 날 산에 오면서 애들에게 반바지를 입히다니?"라며 아주 심사가 뒤틀렸대요.

그래서 좀 못마땅한 얼굴로 가까이 가서 오들오들 떠는 아이들을 가리키면서 "애들 감기 걸릴 텐데 어쩌자고 저 꼴로 데리고 왔냐?"고 야단치듯 툭 던졌더니, 이 아주머니들이 오히려 기막힌 사람을 보았다는 듯 따지더라는 겁니다. 그래서 다시 "아이들이 저렇게 떨고 나면 틀림없이 크게 앓을 텐데 파카라도 입혀야 정상 아니냐?"고 부드럽게 타이르듯 했대요. 그제야 이 파렴치한(?) 아주머니들이 깔깔 웃으며 하는 말, "아이들이 더 강하고 도전적인 사람이 되게 하려고 토요일 오후에 일부러 훈련하러 왔다"고 하더랍니다. 한 수 배운 이 산악인은 심호흡을 하면서 "과연 그렇구나!" 싶어 깊은 생각에 빠져 혼자서 계속 걸었다고 합니다.

고강도 훈련결과

아이가 성인이 된 후 자신의 일을 제대로 하고, 의미 있는 일을 하며, 뭔가를 이루게 하려면 성장과정에서 반드시 성취동기가 길러져야 된답니다. 성취동기란 "어려움을 극복하고라도 무엇을 더 잘 하고 의미 있는 일을 하려는 욕구"를 말한대요. 성취동기는 대체로 청소년기까지 형성된다고 해요. 물론 성인이 된 후에도 의도적인 훈련에 의해서 바꿀 수도 있고 새로이 형성시킬 수도 있으나 어릴 때 형성하는 게 더 좋대요.

어떤 나라나 사회도 미래는 아이들의 성취동기 수준에 달려 있다고 해요. 자라나는 아이들을 성취동기가 높게 키워주어야 어느 사회든 미래가 밝고 희망이 있답니다. 그럼 청소년 때까지 어떻게 키워야 성취동기가 높아질까요? 일단 반드시 세 가지를 경험시켜야 된답니다. 부족과 자율과 공정한 경쟁 경험이래요. 이 세 가지는 유대인들도 가장 강조하는 것들이라고 하더라고요. 여기에다 단기 성공경험을 계속 시키고 늘 좋은 생각을 하여 참 좋은 파동 일으키게 하래요!

"세 살 버릇 여든까지"라는 선조들의 말씀이 철저히 과학이기 때문에 너무나 고마워요. 정말 사람이 일생을 행복하게 살려면 어떤 태도를 가져야 할까를 생각해야 되는데, 세상에는 다 음양이 있지만 이왕이면 밝고 좋은 것을 보고 택하는 자세를 갖게 해야 좋지요.

동일한 파동의 공명 : 우주의 원리

왜 긍정 자세가 필요하고 그게 진리인지 예를 먼저 봐요. 독일의 어떤 의사가 환자의 혈액을 보존했
어요. 혈액은 밀폐보존이라 성분이 변
할 수 없는데, 2년 후에 보니 혈액성분
이 변했어요. 그것도 너무 신기하게, 2
년 전에 채취한 혈액상태가 아닌 그 환
자의 현재 혈액상태로 변해 있었어요.

아빠와 공명

이 현상은 2년 전에 어떤 병에 걸
렸던 사람이 지금 건강을 회복했다면,
병에 걸렸던 때 채취해 뒀던 그 혈액도 저절로 건강한 혈액으로 변했
다는 말이거든요. 그 의사는 이런 사실을 2,000명이나 되는 환자의
임상 실험을 통해서 확인하고 이를 논문으로 발표했대요.

자, 이런 현상을 무엇으로 설명할까요? 양자물리에 의하면 모
든 물질은 각각 일정한 파동을 가지고 있고, 같은 파동끼리는 서로
끌어당겨서, 엉겨 붙거나, 서로 멀리 떨어져 있어도 어떤 것에 같은
영향을 받는다고 해요. 그리고 이를 같은 파동의 공명(共鳴)이라고
했어요.

이 공명현상이 우리의 삶 속에 응용되는 기계나 물건은 많지만
보이지 않는 생각의 공명은 잘 모르지요. 공명은 물건이나 물질에만
있는 것이 아니라 보이지 않는 사람의 생각도 파동이니까 동일하게
작용해요. 우주공간은 그냥 빈 것이 아니라 지금까지 삶에 필요한
모든 활성정보로 가득 차 있답니다. 그 정보는 다 에너지 파동이므
로 동일한 생각을 하면 그 에너지를 끌어당겨 어떤 것이 실체로 나
타나게 한다는 것이 바로 양자물리에서 다양하게 실험을 끝낸 주장

입니다.

말이 씨가 된다는 것도 같은 현상이고, 사람의 생각은 몸 안팎으로 전파되어 우주의 모든 것에 영향을 미쳐요. 남녀 사이에 왠지 서로가 끌려서 좋아하게 되는 것은 서로 좋아하는 동일한 파동을 가진 경우이고, 상대는 안 좋아하지만 나만 좋아하는 짝 사랑은, 내가 좋아하는 파동을 상대가 가지고 있지만, 상대는 의도적으로 생각을 하지 않기 때문이라고요. 친구 사이에 의기투합 되거나, 직장에서 상하가 호흡이 척척 맞는 경우는 일이나 인간적으로 동일한 파동의 공명이라고요. 이처럼 유유상종, 끼리끼리가 바로 동일파동의 끌어당김 현상입니다.

그럼 왜 긍정사고를 하자는 것인지 정리되지요. 생각은 곧 에너지 파동이고, 이 파동은 우주 공간에서 동일한 파동을 끌어오니까, 내가 부정파동을 계속 보내면 부정파동만 끌어올 수밖에 없어요. 세상만사 마음먹기 탓이란 말로도 맞아요. 내가 무엇이나 긍정적으로 생각하고 긍정파동을 보내면 계속 긍정파동을 끌어와요. 그러니까 눈에 보이는 것이나 귀에 들리는 것이 다 그런 것만 보이고 들려요. 즉 그런 렌즈를 끼고 세상을 보는 것과 똑 같아요. 또 일단 어떤 파동이든 나가면 작용에 대한 반작용 때문에 반드시 돌아오니까 무섭지요.

여기에 당연히 의문이 있겠지요. 그렇게 생각하는 대로 된다면 "왜 그 많은 사람들이 불길한 사고나 대우를 당하는가? 왜 겨우 전 세계 인구의 1퍼센트가 전 세계 돈의 96퍼센트를 벌어들이나?" 등으로 말입니다.

그들은 뭔가 알고 있거나 태생적으로 그렇게 생각했다는 겁니

계단 오르기 심호흡 수단

다. 그 비밀인 끌어당김의 법칙을 이해하고 비밀리에 의도적으로 실행했거나, 자기도 모르는 사이에 그렇게 했다는 거지요. 사람은 그냥 파동을 보내는 송신탑에 불과하대요. 어떤 송신탑보다도 강력한 파동을 발사한답니다. 우주에서 가장 강력한 송신탑이란 말이지요. 그래서 온 주주에서 같은 파동을 끌어당겨 부자가 된다는군요. 그럼 가난한 사람은 왜 그럴까요?

여기에 함정이 있대요. 사람들은 자기가 원하지 않는 것을 생각하면서 왜 그게 계속해서 나타나는지 모른답니다. 세상에 가장 심각한 전염병이 "싫어, 피하고 싶다, 무섭다" 등이래요. 사람들은 자기가 싫어하거나 바라지 않는 대상이나 상태를 주로 생각하고, 이야기하며, 집중하고 행동하면서, 결국 계속 싫어하는 상태에 머문대요. 대체로 우리가 잘못하는 것이 바로 부정적 사고경향과 그렇게 행동하는 틀이랍니다.

이 부정적 사고 틀을 긍정적으로 바꿔야 돼요. 바이블에 있는 "믿는 자에게는 능치 못한 일이 없다!"는 메시지는, 우리의 일상에 늘 적용해야 해요. "항상 기뻐하라 쉬지 말고 기도하라 범사에 감사하라"는 메시지도 우리의 사고와 행동패턴을 건설적으로 만들어가야 함을 강권해요.

솔로몬 대왕의 "네가 한 말에 네가 걸려들고 네가 한 약속에 네가 얽매이리라!"는 말은 우리의 언어를 긍정적으로 바꾸고, 생각과 말과 행동을 명확하게 정리해서 깨끗한 행복파동으로 바꿔야 된다고 명령하는 겁니다. 우리의 일상 특히 언어 사용에 이것은 매우 중요하며 영향이 커요. 큰 정도가 아니라 전체로 봐야 좋겠어요.

"나쁜 짓 하지마라"는 부정적인 것에 초점을 맞춘 것이지만, "착하고 선한 일을 하라"는 긍정적인 것에 초점을 맞췄죠. "거짓말을 하지마라"보다는 "참말을 하라", "다투지 마라" 보다는 "화목하게 지내라"가 긍정적인 표현입니다. 파동은 그냥 파동이지 파동 앞에 붙는 부호가 없대요. 오로지 파동 또는 주파수의 절대 값일 뿐이래요. 그래서 혼란스럽지요. 이제 부정적 생각이나, 부정적 언어 표현이나, 부정적 행동을 하지 말고, 모든 경우에 긍정상태로 바꿔요, 그러면 만사 오케이 입니다!

긍정파동이 달성을 촉진한다!

여기서 우리가 배우는 것은 선하고 가치 있는 일을 이루기 위한 것이지 악을 도모하는 것은 절대 아니므로, 아무데나 긍정파동을 발사하라는 것은 아닙니다. 어떻든 메아리처럼 작용에는 반드시 반작용이 있으니까, 내가 긍정 파동을 보내면 반드시 같은 파동을 끌어온다는 것을 어떻게 아느냐고 묻고 싶죠? 우리는 2만 볼트의 고압선을 만지면 감전된다는 사실을 알아요. 그걸 어떻게 믿느냐고 손을 대는 사람은 없어요.

과학자들과 기술자들이 이미 다 검증하고 확인한 것은 그냥 믿으면 돼요. 일일이 다 내가 검증하고 확인하는 것은 불가능하기도 하지만 참 어리석은 짓이지요. 양자물리학자들이 시험 거쳐서 그렇다면 보통사람들은 그냥 "알려주셔서 감사합니다!"하면서 적용해야 훨씬 더 지혜로워요.

삶은 창조되고 창조하는 과정

"사람이면 다 사람인가 사람이 사람다워야 사람이지!"라는 말이 있지요. 그렇다면 사람답다는 것은 어떤 상태인데요? 사람이란 무엇인가요? 국어사전은 사람이란 "생각을 하고 언어를 사용하며, 도구를 만들어 쓰고 사회를 이루어 사는 동물로 일정한 자격이나 품격 등을 갖춘 이"라고 풀이했어요. 일정한 자격이나 품격 등을 갖춘 이로, 생각하고 말을 하며 도구도 만들어 쓰고 사회를 이루어 사는 동물이란 의미지요.

이렇게 보면 사람답다는 것은 "일정한 자격과 품격을 갖추고, 생각과 말을 하며, 도구를 만들고 사용하면서, 더불어 살 수 있는 상태"라고 할 수 있겠네요. 사람모양을 한 동물이라고 다 사람은 아니란 말입니다.

"자격이나 품격을 갖춘다. 생각하고 말도 한다. 도구를 만들고 사용한다. 더불어 산다." 이게 사람됨의 기본이죠. 그런데 상식적으로 이것을 다 갖추려면 태어나서도 제법 자라야 되겠네요. 그래서 사람을 그 성장단계별로 구분하여 부르나 보죠. 태어나지 않은 아이는 태아, 3세까지는 영아, 6세까지는 유아, 초등 3년까지는 유년, 초등 졸업까지 소년, 고졸까지 청소년, 30까지 청년, 64까지 장년, 65이상 노년으로 분류하기도 해요.

우리 민법엔 만 19세가 되어야 사람이라고 인정하는 성인(成人)이 돼요. 태어나서도 19년이나 자라야 사람이 된다니 이건 예사로운 게 아니지요. 또 그냥 19년만 자랐다고 되는 것도 아니고 일정 품격을 갖추고 더불어 살 수 있는 수준이 되어야 사람이라니까요. 물론

참 믿음 가져야!

이때 성인이란 자신의 일을 자신이 결정할 수 있고 자신의 행동에 대해 책임질 수 있는 정도로 성숙한 상태라고 하지요. 그 어려운 출산과정을 겪고 나와 19년이나 지나서 사람이 되지만, 선조들의 가르침은 이보다 훨씬 더 심해요.

전주에 살았던 사주당 이씨가 1801년에 세계최초의 태교 책 "胎教新記(태교신기)"를 썼는데, 거기에는 "생후 훌륭한 스승에게 10년간 잘 배우는 것보다 엄마 뱃속의 10개월이 더 낫고, 엄마 뱃속의 10개월보다 아빠의 하룻밤 정심이 더 낫다!"고 했으니까요. 태교신기를 쓰셨던 그 즈음에 우리 선조들은 아기를 가지려고 100일기도와 치성을 드렸어요. 뿐만 아니라 합궁 일을 선택하고 침실 방위를 살폈으며 아주 구별된 합궁을 했대요.

100일 기도로 새로운 정자 생성기간에 온 정성을 다해 훌륭한 정세포가 생성되게 하여, 차별된 합궁으로 훌륭한 수정세포가 착상되게 하는, 철저한 과학적 실천이었어요. 종자와 토양과 발아조건을

씨와 토양이 다 좋아야

최적화하느라고, 진지하게 사셔서 좋은 아이를 갖는데 절대적 영향을 주었어요.

이런 사실은 지금 후성유전학에서 권유하는 바로 그 내용입니다. 우리가 경망스럽게 아무런 생각 없이 되는 대로 아기를 갖고 낳고 키우니까 그렇지, 사실은 한 아이를 생기게 하고, 태어나게 하며, 성인이 될 때까지 돕는 것은 인생이 완수해야 할 제1의 사명이며 가장 숭고한 일이죠.

어디서 어떤 형태로 기도를 하고, 정화수를 떠 놓고 소복에 치성을 드린 것이 어떠했든, 그것은 탁월한 아이를 갖기 위해 후성유전학의 권고를 응용한 최고의 과학이었어요. 남들이 상상도 못했을 첨단과학을 우리는 예사로 활용하여, 기도하고 치성 드리면서 원하는 아기를 생기게 할 씨앗과 옥토를 준비했거든요. 최선의 사람 창조과정이었죠.

그것이 가능한 근거는 사람이 생각하는 그 파동과 일치하는 파동이 공명을 일으켜 몰려와서, 안 보이는 파동의 아기가 보이는 입자의 아기로 된다는 것을 양자의학이 증명하였습니다. 그러니까 합궁 때 이미 그 아기의 얼굴을 생생하게 볼 수 있다고 했어요. 게다가 일상적인 성생활과 확연히 구별되게 때와 장소를 엄격히 가려서 합궁한 것은, 미립자 수준에서 어떤 오염과 방해도 없도록 방지한 것이고요.

생후 10년간 잘 배우는 것보다 더 나은 단계가, 바로 잉태 전에 해야 할 아빠의 바른 마음 갖기니까 100일 기도와 치성이지요. 그래서 사람의 성장과정을 태교부터 시작할 것이 아니라, 준비단계를 하나 더 실천하신 선조들의 놀라운 지혜와 과학이 정말 감탄스러워요.

그런데 지금 육아나 자녀교육 관련 책이 무려 400종이 넘어도, 거의 태교부터 시작하고 있어요. 상식적으로 봐도 태교부터는 늦지요. 왜냐하면 태교란 이미 싹이 난 뒤에 싹이 잘 자라게 하는 거니까요. 더 중요한 것은 싹을 나게 하는 씨앗과 토양이거든요. 심어진 종자와 그 씨앗을 나게 한 토양의 품질이 훨씬 더 중요하대요. 그 유명한 한국의 신고 배를 미국의 LA에 갖다 심었더니, 돌배로 돌변했다는 것은 좋은 씨라도 싹이 나고 자라는 토양이 적합해야 된다는 확실한 증거잖아요.

사람은 반드시 생기기 전에 부모가 창조할 수 있고, 성인이 된 후에는 스스로 창조해가는 초고정밀 전자동입니다. 이것이 양자물리와 후생유전학의 주장이고요. 또 고도의 지성과 사람의 생각과 노력이 합하여 미립자 수준에서 사람의 창조가 가능하다고 과학이 보증해요. 또 사람은 커넥톰이고, 이것은 주어지는 자극에 따라 항상

변하니까 반드시 좋게 창조되거나 창조하여야 돼요. 권하고 싶은 사람창조과정은,

① 임신 전부터 13년 6개월간은 엄마 아빠가 창조하고, ② 만 13세가 되는 청소년기 이후는 스스로 계속 새로운 자신을 창조하는 단계로 구분하는 것입니다. 즉 처음에는 전혀 자신도 모르게 창조되지만, 자신의 의지가 발동이 되면, 공동으로 하다가, 스스로 자신을 창조하는 단계로 세상의 삶을 다 할 때까지 계속해야 된답니다.

첫 단계인 엄마 아빠가 창조하는 것은 "먼저 서로 깊이 생각하면서, 협의하여 키우고 싶은 아이를 자세하게 디자인하고, 씨앗개발과 토양준비 후, 정성스럽게 심어서 싹을 틔우는 작업이지요. 아이가 태중에 있을 때도 완전한 인격체로 대하며 함께 살다가, 출생 후에는 그런 사람이 되도록 늘 쳐다보면서, 12년 간 만 삶으로 보여주면 된대요.

이 과정에서 정말 중요한 것은 절대 강요하거나 가르치지 말고 설계한 아이가 되도록 스스로 선택할 수 있게 환경만 조성해주는 것이 가장 바람직하다는 것입니다. 아이에게 말로 가르치지 말고, 강요하지도 말며, 아이가 설계된 대로 자라도록 위생과 안전만 확보해주고, 매사에 말이나 행동을 보여주어 따라 올 수 있게 해야 된답니다.

영아에서 소년까지 각각에 필요한 자극을 주되, 소년기에는 미래에 자신이 종사할 전문 분야(자신이 타고난)를 확정하고, 초등학교 졸업 후에는 바로 그 분야에 매진하고 몰입하게 하면 독립 인격체가 된대요. 이 기간에 절대로 건너뛸 수 없는 것이 인격과 건강의 균형

이므로, 신체와 정신과 정서와 영혼이 다 건강하게 유의해야 한답니다. 이때의 균형건강이 일생의 건강을 안정되게 해준다니까요.

　　그런데 이쯤 되면, 엄마 아빠가 그렇게 생각하고 보여주면 그렇게 된다는 확실한 증거가 뭐냐고 묻고 싶죠? 만약에 이미 많은 사람들이 그렇게 해서 온 세상에 사례가 흔하게 있다면 제가 여기서 굳이 이런 말을 할 필요도 없겠지요. 저는 다만 그것이 자연법칙이고 사람들이 여태껏 몰랐던 것을 과학자들이 밝힌 것을 일종의 비밀처럼 알려드리는 것입니다. 물리학자와 신경과학자 그리고 심리학자들이 다양한 조사와 실험을 거쳐서 제시한 내용을 증거로 드립니다. 그 증거들이 아래와 같습니다.(김상운, 왓칭, 리듬)

• 내 지능은 내가 보는 대로다. 우주에는 무한한 지능이 있어서 천재로 보는 사람은 천재가 되게 한데요. 아인슈타인도 우주에는 완벽한 두뇌가 있기 때문에 기발한 생각이나 영감은 우주에서 온다고 했고요. 뇌 수종

진심으로 새기면 됨

환자의 뇌세포가 90%나 손상되어도 그의 IQ는 전혀 변하지 않았는데, 이는 지능이 우주에서 오기 때문이라고 뇌 과학자 로버가 주장했어요.

- 마음으로 새로운 자기를 창조할 수 있다. 사람의 마음을 보내준 우주에는 우주적 지성. 초월의식. 활성정보가 있어서 사람이 마음으로 생각하는 것을 다 이룰 수 있대요. 한계는 오직 마음이라고 해요. 심지어 아픈 부위는 완전히 새것으로 바꿔주기도 한다는데, 그 근거는 미립자의 기본 준수사항에, 고쳐지지 않으면 아예 새것으로 복제한다는 것과 일치해요.

  그러니까 마음 갖기에 따라 언제나 아주 좋은 새로운 사람이 될 수도 있고, 반대로 아주 나쁜 사람이 될 수도 있다는 것이지요. 똑 같이 호텔 청소원으로 있는 사람이, 다만 생각으로 자신의 체중도 빠지고, 혈압도 낮아지며, 허리둘레도 줄어든다는 것을 실험으로 다 증명했대요.

- 마음의 생각으로 물건을 움직이고 변형도 가능하다. 오로지 생각으로 스테인리스 수저를 구부리고 놋으로 된 열쇠가 금이 가게하며, 유리컵이 떠다니거나 산산조각으로 깨어지게 하는 유리겔라라는 사람이 있어요. 그래서 물리학자 하스테드가 실제로 생각으로만 그게 가능한지 초등학생들을 대상으로 실험을 했는데 증명되었답니다.

아이들의 눈높이에 맞게 천정에다 숟가락과 열쇠를 달아놓고, 1m에서 3m까지 거리를 두고 아이들을 세운 후, 생각으로만 숟가락이나 열쇠를 움직이든 구부리든 모양을 바꾸라고 했는데 그대로 되었대요. 멀쩡한 열쇠에 금이 가서 갈라지고, 숟가락이 구부러지며,

천정에 매달린 포크와 숟가락이 마구 흔들렸다고 해요. 특별히 훈련된 어른들도 아니고 초등학생이 가능하다면 순수한 확신이면 다 된다는 증거가 맞죠.

이 외에도 생각으로 사물을 움직이거나 온 우주에 영향을 미친다는 증거는 무수히 많습니다. 스티븐 호킹이 움직이는 것도 거의 생각 수준에서 움직이고 있고, 이제 전신마비 환자도 생각으로만 상당한 수준의 활동을 할 수 있는 기계가 속속 나오고 있으니까, 더 의문을 안 가지고 그대로 믿고 따라 좋은 자녀와 자신을 창조하는 것이 인간만 누리는 복입니다.

사람은 스스로 자신을 더 좋게 계속 창조해야 되는 숙명을 타고 났습니다. 만13세가 되는 청소년기 이후는 스스로 계속 새로운 자신을 창조하자는 것이 양자세대의 주장이랍니다. 그래서 자기 분야에서 최고점에 도달했을 때 몸과 마음이 분리 되어, 몸은 흙으로 마음은 우주로 간다고요.

사람의 가치는 완성지점이 없어요. 죽을 때까지 계속 자신의 가치를 향상시켜 늘 새로운 사람이 되어가는 것이 바람직한 삶이며 그것이 바로 자신을 계속 새사람으로 창조하는 것입니다. 나이가 많다고 반드시 치매에 걸리란 법은 없으며, 그것은 스스로 선택하는 결과라고 해도 된답니다.

왜냐하면 미리 그런 것을 일체 허용하지 말고, 최고 정점에 있는 자신의 마지막 모습을 그려두고, 그것을 바라보고 그렇게 되도록 살면 결코 늙지도 쇠하지도 둔해지지도 않는다는 것이, 최근 신경과학과 후성유전학의 연구결과입니다. 사람들이 대체로 이런 자연법

칙인 사실을 모르니까 제가 아기지만 이렇게 여러 사람에게 말씀드리는 것입니다.

　　외부로 미치는 사람의 정신력은 태어나면 0에서 점차 상승하다가 40세를 전후해서 하향하여 70이나 80이 되면서 점차 제로에 접근한다고 했어요. 정신력이 0에 접근한다는 것은 늙어서 다시 어린애가 된다는 말이며, 그래서 치매현상은 자연현상이라고 여겼답니다. 또 이 정신력 하향이 정확하게 40은 아니지만 빠르면 37,8세 늦으면 42,3세를 분기점으로 하여 생기는 것이 보통이라고 했대요. 그러나 그때 의도적으로 대뇌에 새로운 자극을 계속 주면 정신력은 하향하지 않고 계속 상향한다고 해요. 즉 그 때에라도 다시 새로운 것을 배우거나 새로운 일을 하여 대뇌에다 새로운 자극을 주어 정신활동을 계속하면, 늙어서 세상을 떠날 때까지 정신력이 도로 올라간다는 것이 심리학자들의 주장이었습니다.

　　그런데 이런 사실을 최근 신경과학이 아주 확실하게 밝혔어요. 즉 계속 운동하고 공부하며 배운 것을 활용하는 일을 계속하는 한,

그와 관련된 신경세포나 시냅스가 결코 사라지지 않고, 오히려 더 강화되어 강도 속도 정확도가 더 향상된다고 했어요. 이게 생물의 특성을 그대로 증명하고 지지해줘서 정말로 다행스러워요. 즉 생물은 항상 성장 발달한다는 특성이 있는데 그것을 사람에게 그대로 적용하도록 신경과학이 밝힌 것이지요.

중요한 것은 40이 아니라 아무리 늙어도 성장하는 습관을 계속 해야 한다는 것입니다. 그러니 엄마 아빠는 제가 청소년 때부터 노년기까지 계속 자신을 성장시킬 저력과 타력을, 초등학교 졸업할 때까지 형성해주는 것이 좋겠어요. 그러면 그 다음부터는 제가 스스로 계속 가치가 높아지도록 새로운 것을 배우고 활용하며 늘 새사람이 되게 노력하겠습니다.

실제로 정년퇴직을 하고 일을 놓은 사람들은 급격히 정신력이 하향하여 건전한 판단을 못하거나 아예 신체적 장애까지 일으키는 사람도 있어요. 1980년대 초에 서양 심리학자들이 위의 사실을 주장하였는데, 이미 수천 년 전에 공자의 생애가 이것을 증명하였어요. 논어의 기록을 보면 그의 삶을 다음과 같이 압축해뒀어요.

"15세에 학문에 뜻을 두고 정진했더니 서른 살에는 예(禮)에 바르게 섰고, 마흔 살에는 세상사에 미혹되지 않았으며(四十而不惑; 사십이 불혹), 쉰 살에는 하늘이 이 땅에 자신을 보낸 목적을 알았고(五十而 知天命; 오십이 지천명), 예순에는 그 목적에 순응하여(六十而 耳順; 육십이 이순) 살았으며, 일흔이 되니까 자신의 마음에서 하고 싶은 대로 다 해도, 윤리나 도덕이나 법규에 저촉됨이 없더라(七十而 從心所欲, 不踰矩; 칠십이 종심소욕 불유구)"고요.

죽을 때까지 튼튼한 바위로

　이 얼마나 장쾌하고 멋있으며 아름다운 삶인가요? 다른 것은 다 두고라도 70세가 되니까 "자신이 하고 싶은 것을 다 해도(종심소욕;從心所欲), 윤리나 도덕이나 법규에 저촉됨이 없었다(불유구;不踰矩)"니 이게 바로 도사의 수준이 아닌가요? 어떻게 사람이 자신이 하고 싶은 대로 다 해도 윤리나 도덕이나 법규에 저촉됨이 없느냐 말입니다. 사실은 자연곡선으로는 그때가 정신력이 0에 접근하여 노망을 할 때인데 어째서 그는 도사가 되었을까요? 15세부터 계속 학문과 예와 사회와 문화를 연마했으니까 그렇지요.

　경영학자 드럭커도 1999년에 쓴 21세기의 경영도전(Management Challenge for the 21st Century)에서 "행복하고 만족한 노후를 보내려면, 늦어도 40대부터 늙어서 할 일을 시작하여, 정상적인 근로생활을 끝낸 후에, 자연스럽게 연결되어 말년을 보람되게 보낼 수 있도록 준비하라"고 간곡히 부탁했어요. 늙지 않기 위해서, 더 유능해지기 위해서, 아름다운 노년과 즐겁고 신나는 노년을 위해, 끝없이 배우고 창조하는 것이 바람직하답니다.

그리고 이미 언급했듯이 최근의 신경과학이나 후성유전학의 증언으로는 스스로 "늙는다는 것을 인정하지 않으면 엔트로피 법칙을 거스를 수도 있답니다." 이것은 순전히 사람만 누릴 수 있는 복이고요, 당연히 엄마 아빠가 바탕을 깔아야 줘야 돼요. 그렇게 해야 생물의 특성도 이루고 국가적 문제로 보고 있는 노인문제도 저절로 해결이 되니 얼마나 좋아요! 늙어도 일하고 생산하며 자기가치를 높여 가는데, 건강해서 의료비도 안 들고, 생산해서 소득도 생기니 부양부담도 줄이며, 후배들을 보살피는 어른이 있어서 사회도 안정되게 하니 일석 3조에 해당해서 정말 좋아요!

스스로 창조하는 자아는 언제 어떻게 발달하는가?

자아는 언제 어떻게 생길까요? 미리 하나 유의하실 것은 사람의 성장과정이나 정도 또는 발달정도 등에는 절대로 정확하게 구분할 수 없다는 것입니다. 사람마다 다르되 어떤 경우는 너무나 달라서 일정한 기준을 도저히 적용할 수 없는 경우도 있다는 사실을 인정하시기 바랍니다. 그리고 여기서 말하는 자아를 어린이, 어버이, 성인으로 구분하는 것은 대체로 그렇게 유형화할 수 있다는 학자들의 견해를 따른 것입니다.

정말로 사람은 천차만별이기 때문에 무엇이든 정확하게 구분하기는 어려워요. 어린이 자아는 3세 정도까지 형성된다고 합니다. 아이들은 본능적으로 쾌를 추구하고, 천진난만하며 응석부리길 좋아하는데, 그러한 과정에서 자유로운 어린이 자아가 싹튼대요. 그리고 자라는 과정에서 부모에게 의존하면서 자기도 모르게 순응적 어린이 자아가 형성되고요. 가끔 부모가 아이에게 관심을 덜 누거나 지나치게 강압적일 경우 당연히 반항적인 어린이 자아도 생기지요. 그리고 어버이 자아는 4~6세 정도에 생기는데, 그때는 아이들의 뇌가 어른의 80% 정도까지 발달한다고 해요. 이때 아이들은 부모를 흉내 내고 동일시하는 경우가 많은 걸 보게 돼요. 아이들이 부모의 행동, 태도, 가치관을 닮아 가는 과정을 통해 어버이 자아를 형성해요. 특히 "이걸 해라, 저건 안 돼!"와 같은 부모의 특성을 닮을 경우 비판적인 어버이 자아가 생기고, 아이들에게 애정을 표현하고 감싸 주는 부모의 특성을 닮을 경우에는 양육적인 어버이 자아가 생긴답니다.

마지막으로 성인 자아는 초등학교 기간인 7~12세 정도에 만들어진다는 군요. 이때 아이들의 뇌는 성인 뇌의 98% 정도까지 발달한다니 대단하죠. 이 시기 아이들은 지금까지 접촉했던 사람들과는 다른 생각을 가진 친구들과 선생님을 만나 교류하면서 점차 성인 자아를 형성한대요.

이 벽은 매순간 변한다. 커넥톰도, 사람도!

아이들은 여러 사람들과 만나고 다양한 정보를 접하면서 현실적인 감각을 익히고, 누가 자신에게 도움이 되고 어떤 정보가 옳은지를 판단해야 하는데, 그런 과정에서 성인 자아가 생기게 된답니다. 그래서 초등학교 기간에 사회인의 기초가 완성된다고 해요.

사람들의 심리 특성은 가정, 경험, 연령, 다양한 사회 환경, 노력, 친구관계 등과 같은 상황 변화에 따라 언제나 바뀔 수 있어요. 어떤 연구에서 보면 우리나라 중학생의 15%, 고등학생의 30%, 대학생의 40% 정도가 정체감 확립 단계에 이르고 있다고 했어요. 이는 자기의 정체감을 거의 확립해야 할 초등학교 기간을 넘어서야, 겨우 정체감 확립을 위한 고민을 한다니 특수 상황에 해당해요. 이는 여러 다른 요인도 있겠지만 아이들의 성장과 진로에 어른들의 간섭이 지나친 결과로 볼 수 있어요.

사람의 성격, 능력, 지능과 같은 심리적 특성들은 선천적인 것도 있지만 후천적 영향을 많이 받습니다. 아무리 유전자에 포함되었다고 해도 성장환경에서 그 발현을 도와주지 않으면 개발되지 않거든요. 그래서 어렸을 때부터 어떤 자극을 받았느냐에 따라, 사람의 신체적 심리적 특성이 결정돼요. 물론 선천적으로 유전자, 염색체, 호르몬, 신경계와 같은 생물학적인 요소들을 갖추고 나오지만, 거기에 맞는 자극이 있어야 한 사람이 결정된답니다. 그렇게 형성되는 한 인격 또는 자아가 커넥톰(뇌세포 연결 상태와 세포에 각인된 내용)인데, 완성이 아니라 항상 변하므로 우리가 늘 새 사람으로 창조된다는 겁니다. 사람 인품 인격은 늘 새로워질 수 있어 좋아요.

적성도 유사해서 선천적인 요소보다는 후천적인 요소를 더 강조하는 편입니다. 적성이란 후천적으로 학습된 어떤 분야에 대한 성

내가 살던 고향은

장 잠재력이라고도 하거든요. 적성은 선천적인 것이 아니라 후천적으로 학습된 것이고, 현재 어떤 분야에 얼마나 소질이 있는가보다는 앞으로 그 분야에서 얼마나 잠재 능력을 발휘할 수 있는지가 관심사라고 해요.

그래서 어리거나 젊을 때 어떤 분야에 능력이 없다고 해서 그 분야가 적성에 맞지 않는다고 단정하는 것은 성급하다는 견해도 있어요. 그 분야의 잠재력이 발휘되지 않고 있을 수도 있거든요. 또 현재 어떤 분야에 능력이 있다고 해서 그 분야가 반드시 적성에 맞는다고 단정할 수도 없고요.

인성도 성격, 적성, 흥미, 지능, 정신건강, 사교성 등 다양한 요소를 포괄적으로 지칭하는 말입니다. 성격(性格)의 한자에 의미가 커요. 성품성자와 격식격자가 합한 성격은 "내면의 품성이 격식을 차려 나타나는 심리와 행동 패턴"이란 뜻이지요. 특히 성(性=心+生)자는 마음에서 나온다는 뜻이 있어서 성격이란 심리적인 속성과 사회적인 속성을 다 가졌다고 볼 수 있죠.

그런데 이 성격이 어릴 때 형성 되므로 그의 어린 시절을 보면 성격을 알 수 있다고도 해요. 사람의 성격은 주로 후천적인 경험과 환경에 의해 결정 된다고 하거든요. 아리스토텔레스의 경험론적인 전통을 따르는 영국의 경험론자인 로크는 인간은 태어날 때 깨끗한 백지상태와 같다고 했대요. 거기에 무엇이 써지거나 그려질지는 경험과 환경에 달렸다는 거죠.

사람의 성격형성에 경험과 환경이 중요하다는 사실은 신경과학이 증명합니다. 뿐만 아니라 생후 10세에서 12세까지가 뇌세포 생성과 시냅스 형성이 가장 활성적인 결정적 시기이기 때문에 이 때 인생의 기초성격이 다 형성된다는 것도 증명되었습니다. 성격이 본인의 것이기 보다 환경에서 주어지는 것이란 주장도 의미가 있는데, 뇌세포와 시냅스는 내 외부 자극에 의해 생성되기도 하지만, 유지되고 소멸되기도 하므로, 자극이 없으면 있던 것도 소멸되니까 환경이 영향을 더 많이 미치는 게 맞아요.

자신이 속한 사회에 적응되기 위해서 그 사회가 허용하거나 장려하는 행동을 반복하게 되니까 그 자극에 의해서 뇌신경과 시냅스가 더 생기고 그것에 의해서 행동이 나오고 그 행동이 인정이나 지지를 받으니 그것이 그의 인품으로도 정착되고 말아요. 그러고 보면 성장환경이 절대적이지요.

사람을 대표하는 자기 조절능력 형성

마시멜로 이야기라는 작은 책이 많이 읽혔어요. 핵심은 미래에 더 큰 보상을 위해 현재의 만족을 포기하거나 유예시키는 게 좋다는 것이지요. 그냥 상식적으로 뭔가 의미 있는 큰일을 위해 지금 사소한 것에 빠져 시간이나 노력을 낭비하지 말라는 것이기도 하고요. 그런데 실제로 어린이들에게 시험하고 추적 조사를 했더니, 미래를 위해 현재의 욕구충족을 참는 아이들이 훨씬 더 사회적 성취가 컸다고 해요.

아이들이 더 나은 것을 얻기 위해 지금의 작은 만족을 참는 것은 어른이 보기에는 참 고맙고 믿음직하지요. 실제로 사회 환경에 제대로 적응되려면 스스로 당장의 만족을 미루어야 할 때가 많거든요. 그래서 뭘 하지 않는 경우도 있지만, 보다 능동적으로 더 해야 되는 경우도 많잖아요. 시험을 잘 보기 위해 지금 놀기를 미루고 공부하는 것이 그 예가 되겠지요.

이와 같이 여러 면에서 사회생활을 원활히 하려면 자신이 처한 그때 거기에 아주 바람직하게 적응되어야 하므로, 무엇을 참거나 더 해야 되는 것은 그 상황에 따라 다르겠지만, 반드시 조절되어야 하는 것은 분명하지요. 이렇게 하면 된다, 저렇게 해야 된다기보다 항상 그 당시의 상황에 맞게 해야 되는 것이 가장 바람직하죠. 그런데 이런 상황적응력 또는 자기조절능력은 평생 적절히 사용해야 할 능력이잖아요.

우리 속담에 "세 살 버릇 여든 간다!"는 말은 이제 "120간다!"로 바꿔야 되겠지만, 사람 키움이나 교육의 효과란 면에서 이보다 더 적절한 말은 없을 것 같아요. 자기조절력이 바로 세 살 경에 기초를 잡아야 되거든요. 3살에 스스로 자기 조절력을 발휘하는 아이도 있겠지만 부모가 이것을 체득시켜야죠. 아이들은 부모의 등을 보고 자란다는 말도 바로 그것을 강조하는 표현이고요. 아이들이 세 살만 되어도 여자아이는 엄마처럼 화장을 하고, 하이힐을 신고 비틀거리며, 앞치마를 두르고 설거지 흉내를 내기도 해요. 남자아이는 아빠나 할아버지가 담배를 피우는 걸 보고 그 흉내를 내기도 하고

세 살 버릇 여든

면도도 해요.

아이가 배속에 있을 때는 물론 어느 때에도 부부가 싸우는 것은 안 좋지만 특히 영·유아기에는 부부싸움이 절대금물입니다. 항상 그래야 되겠지만 특히 그 기간에는 진심으로 서로를 사랑하고 가정의 화목을 보여야 아이의 평생안정을 보장해요. 이 유산이야 말로 수천억의 재산을 물려주는 것보다 훨씬 더 값진 것입니다.

여기서 부모가 반드시 유의해야 할 것이 있는데요, 3~5세의아이들은 온 우주가 다 자기 것이고 자기만을 위한 것으로 여기는 경우가 많아요. 따라서 말로 설득하기가 어려우므로 모든 것을 행동으로 보여주는 것이 답입니다. 운다고 해주는 것은 서서히 끊어야 되고, 야단치거나 윽박지르기보다, 다정하나 단호하게 표현하고, 그래도 안 되면 행동으로 보여줘야 돼요. 울음으로 엄마나 도우미를 이기려 하므로, 매를 아끼면 애를 망친다는 말도 이 때문에 생겼는지 몰라요. 물론 매를 들라는 것도 아니지만요.

먼저 다정하게 타일러서 설득하거나 밀고 당기면서 다른 선택안을 제시하며 협상을 하고, 안되면 딱 잘라서 행동으로 보여줘야 하며, 그래도 안 되면 매를 들기라도 해야 되겠지요. 마음을 달래어 스스로 하게 하는 것이 가장 좋지만 때로는 아픔도 경험해야 돼요. 그래야 살면서 오는 여러 어려움에 대한 내성이 생겨 어려움을 거뜬히 이길 수 있어요. 자기조절에 대한 상세한 내용은 정신의학자 이시형이 쓴 "아이의 자기조절력"에 잘 담아됐어요.

몸을 움직이는 놀이와 운동으로 조절력을 키워주세요. 운동은 뇌에 혈류량을 늘려, 산소와 포도당을 많게 해서, 결국 학습능력을 높여요. 운동이 뇌세포를 더 만들고 활동도 더 하게 돼요. 그러나 새로 생긴 뇌세포는 시간이 지나면서 활력이 줄어들고 생존율이 떨어지므로 운동을 계속해 활력을 키워야 해요. 그래야 시냅스를 더 늘려 창조력도 생기고요.

2000년 미국 콜롬비아 대학 신경과학자 에릭 캔들은 반복학습과 연습이 시냅스를 늘리고 단단하게 한다는 연구결과로 노벨상을 받았어요. 운동과 놀이도 이것과 비슷한 효과를 내요. 더 중요한 것은 운동효과가 지속되는 시간이 어린이와 청소년기에 더 길기 때문에, 이 시기에 운동을 통한 학습 능력과 기억력이 더 발달할 수 있대요. 운동으로 새 뇌세포를 만들고 좀 더 복잡한 학습과 반복으로 시냅스가 많고 강해지면 금상첨화지요.

운동이나 놀이로 자신의 몫이나 일에 책임을 지는 연습도 해요. 자신의 주장이나 행동에 전적으로 책임지면서, 행동결과에 대한 푸념이나 변명은 하지 않는 연습이죠. 책임진다는 것은 인정하는 것이므로 항상 인정할 수 있게 해요. 내가 행동한 것이 아니라도 나의 책임한계의 것은 책임지기를 유아기부터 습관으로 형성하면 아주 좋겠지요.

그러면 저절로 자기통제를 배우기도 해요. 절대적 한계 때문에

운동을 해야

안 되는 것은 유아기부터 제대로 알고 순응되게 해야 돼요. 가능한 한 객관적인 눈으로 상황을 판단하게 해야 하므로 놀이나 운동은 그게 아주 쉽고 확실하거든요. 자기의 장점에 자만하거나 단점에 절망하지 않고 상황에 맞게 활용하며, 타인의 장단점을 타산지석(他山之石)으로 삼아 이용하는 것도 유아기부터 점차 체득해가면 좋아요.

그러다 보면 주위와 조화를 이루기도 쉽지요. 자기의 주장이나 장기(長技) 등을 주위의 것과 조화시키려면 놀이와 운동이 자연스러워서 좋아요. 우선 겸허한 자세로 남의 주장에 귀를 기울여 듣고 대응하게 해요. 남이 잘하는 그의 전문성을 이해하고 존중하며, 서로의 입장과 개성을 인정하고 받아들이면, 주위 사람들과 함께 기뻐하고, 같은 집단에 속해서 우리의 식을 강하게 가져요. 그래서 사회 속에서 계속 선한 쪽으로 인정받는 자신을 창조하게 돼요.

이제 실천입니다!

엄마 아빠, 귀요미를 더 좋은 사람으로 창조하는 과정을 실천해주십시오. 그리고 계속 스스로 더 좋은 커넥톰을 형성하는 타력을 붙여주시고요. 저를 세상에서 유일한 뇌 과학자로 설정하셨든 탁월한 물리학자로 설정하셨든 저를 먼저 사람이 되게 사람의 모습을 본으로 보여주셔야 됩니다.

저는 엄마 아빠가 평소에 생각하고 말하며 행동하시는 것을 보고 그대로 따라 합니다. 특히 행동을 따라 하니까 늘 본이 될 행동을 보여주시면 더욱 좋지요. 말도 따라 하니까 교양 있는 말씀을 주로 하셔야 되고요. 생각도 따라 배우니까 항상 좋은 생각을 함께 하면 저는 아주 좋은 사람으로 평가 받는 탁월한 커넥톰을 형성하게 돼요.

또 엄마 아빠가 보여주시는 그런 가치관을 근거로 사람이나 세상을 보는 눈을 가지면 저와 가문과 사회를 다 좋게 하고, 제가 이루는 성과로 우리나라는 물론 세계가 다 좋아져 저의 비문에 "과학으로 인류에 큰 공헌을 하신 분, 여기에 쉬다!"라고 써지겠지요.

엄마 아빠 여태껏 없었던 탁월한 人場을 만드시고 저를 잘 자라게 도와주셔서 감사해요! 그리고 영원히 사랑해요!

2016. 5. 저자를 대신해 귀요미 드림

온 사람 136-3 가정은 사람 나는 곳

유일한 창조인이 자라는 인장

발 행 2016년 6월 20일

펴낸곳 푸른서울 　**펴낸이** 김영훈

저 　자 꿈꾸는 소년

기획총괄 구점수 　**편 　집** 이경준, 김귀숙, 송아람

디자인 김동환, 김보겸 　**분해 · 제작** 푸른서울

등 　록 제313-2010-161호

주 　소 서울시 마포구 월드컵로 12길 (서교동)

문 　의 02-3377-808

Copyright©2016 by 황병수 · 푸른서울

ISBN 978-89-94652-14-6